VERSCHLEPPT, MISSBRAUCHT, GETÖTET

CLAUDIA KEIKUS-WILMS

VERSCHLEPPT, MISSBRAUCHT, GETÖTET

Eine Polizeireporterin berichtet

SCHWARZKOPF & SCHWARZKOPF

Inhalt

Vorwort 7
1. Polizeireporterin – ein Traum 8
2. Die »Bestie von Beelitz« (1) 13
3. Monique P. (1) 26
4. Die »Bestie von Beelitz« (2) 35
5. Monique P. (2) 40
6. Maja St. (1) 43
7. Sarina Sch. und Janine G. 46
8. Maja St. (2) 48
9. Jane F. 52
10. Marcel H. 65
11. Daniel B. 73
12. Kinderschänder Jens A. 78
13. Die Kinder auf meiner Seele 84
14. Jessica K. 88
15. Ulrike B. 96
16. Georgine K. 108
17. Andrea St. 116
18. Sie sind überall 125

19. Dennis T. 128
20. Fünf Berliner Jungen – ein Täter? 131
21. Selbstjustiz 140
22. Verschleppt, missbraucht, getötet – auch sie 142
23. Falscher Verdacht 145
24. Ennie D. 148
25. Ein Täter 154
26. Wenn Mütter die Augen verschließen 157
27. Wenn sich das eigene Kind das Leben nimmt 163
28. Hinter der Tür 170
29. Auf dem Sofa mit einem Mörder 173
30. Held sein 176
31. Und einer kommt immer wieder 185
32. Missbraucht – auch ich 188
33. Polizeireporterin – Traum und Wirklichkeit 197
34. Noch ein Trauma 205
   Nachwort 211
   In eigener Sache 213
   Danksagung 214

Vorwort

Er frisst dich auf, schleicht sich in dein Leben, bis er allbestimmend ist. Vielleicht bringt er dich am Ende sogar um, wenn du nicht rechtzeitig damit aufhörst. Kein Mensch. Ein Job. Mein Job.

Ich bin ihm hörig, komme nicht von ihm los. Ich bin Polizeireporterin in Berlin, bei einer Boulevardzeitung, dem *Berliner Kurier*. Und seit fast 25 Jahren in dem Geschäft. Länger als irgendeine andere Polizeireporterin in Deutschland – und ich kenne nur zwei Männer, die es mir gleichtun. Ich denke jedoch, dass diese beiden etwas haben, was ich einfach nicht habe: ein Leben neben dem Job, und nicht nur eines mit ihm.

Ich dagegen bin morgens, mittags, abends und in der Nacht Polizeireporterin – sogar an freien Tagen und im Urlaub. Jede ach so wichtige E-Mail wird gelesen und beantwortet. Über Jahrzehnte stand ich meinen Kollegen bei Fragen zur Seite, egal, in welchem Winkel der Erde ich eigentlich gerade Ferien machen wollte. Sogar in Südostasien checkte ich täglich meine E-Mails. Ich habe es über meinen Ehrgeiz verlernt abzuschalten.

Dabei ist vieles in meinem Job blanke Routine, Redaktionsalltag. Autounfälle ragen kaum heraus. Ein Dachstuhlbrand gleicht dem anderen, immer vorausgesetzt, dass dabei kein Mensch ums Leben kommt. Jeden Tag wird geraubt, verprügelt, eingebrochen. Polizeireporter berichten davon. Also auch ich.

Aber dann sind da noch die anderen Fälle. Da gibt es diejenigen, über die ich die ganzen Jahre schrieb, die seither immer bei mir sind und mich nie mehr verlassen werden. Die Gesichter der vielen getöteten, missbrauchten und geschundenen Kinder in meinem Kopf. Um sie geht es in diesem Buch – noch viel mehr als um mich selbst.

Claudia Keikus-Wilms

1
Polizeireporterin – ein Traum

Die Achtziger. Oh Gott, fand ich mein Leben unbedeutend. Mich fand ich unbedeutend. Mit meinem Freund war ich schon seit mehr als sieben Jahren zusammen. Ihm zuliebe hatte ich auch einen Job erlernt, den ich eigentlich nie ausüben wollte: Steuer- und Wirtschaftsfachgehilfin in meiner Geburtsstadt Bochum. Aber wie ich aus meiner gefühlten Unbedeutsamkeit herauskommen sollte, wusste ich nicht. Nur, dass das nicht mein Weg sein konnte.

Stillstand. Ich war rastlos, wollte aus diesem Leben raus, vor einer vorherbestimmten Zukunft flüchten.

Diese Sehnsucht nach mehr brodelte in mir, solange ich denken kann. Ich träumte endlose Kleinmädchenträume, ein berühmter Star zu werden. Hätte es damals *Deutschland sucht den Superstar* schon gegeben, ich hätte mich dort trotz fehlenden Gesangstalents jederzeit beworben – und zum Affen gemacht. Das blieb mir zum Glück erspart. Meine sportlichen Ambitionen blieben auch nur Mittelmaß. Im Schulsport reichte es für eine dauerhafte Eins, aber die Olympischen Spiele waren für mich wirklich nicht zu erreichen. Eines aber konnte ich – schreiben. Ich liebte es. Egal, ob Tagebuch – davon habe ich noch einen ganzen Stapel –, Schulreferate oder Aufsätze. Ich verschlang Bücher, schrieb 1977 Fanpost an die englische Punk-Band Sex Pistols und bekam von einem Tourmanager sogar Antworten, Autogramme und eine Zeichnung von Sid Vicious geschickt. Und natürlich sah ich auch damals schon alle Kriminalserien im Fernsehen.

Wenn Sie heute im *Berliner Kurier* meine Geschichten lesen, dann haben Sie das *Lou Grant* zu verdanken. Für die Älteren unter uns, die sich vielleicht noch dunkel erinnern: Genau, das war diese Reporter-Serie aus den USA, die im ZDF lief. Und für die Jüngeren: Was für ein Horror, aber es gab damals tatsächlich nur drei Programme.

Also: *Lou Grant* war mein absolutes Highlight. Jeden Samstag flimmerte die Serie über den Bildschirm – mit einer Rothaarigen in der Hauptrolle. Die Frau war der Hit: rote Haare eben, blitzgescheit und immer die tollsten Geschichten im Block. Block, richtig, Schreibpapier, gebunden, und kein iPad. Geschrieben wurde damals noch mit einem Bleistift. Keinem Kuli. Der Grund: Ein Bleistift funktioniert auch im Regen. Das habe ich aus einem Film mit Henry Fonda in der Rolle eines Gerichtsreporters mitgenommen.

Überhaupt, die amerikanischen Gerichtsfilme und -serien sah ich gern. *Matlock* zum Beispiel. Das Buch *Ich fordere Recht* von Staranwalt Rolf Bossi habe ich schon mit 14 Jahren gelesen. Auch eine Art Erweckung, darin geht es unter anderem um den verstorbenen Kindermörder Jürgen Bartsch – auch der »Kirmesmörder« genannt –, für den ich damals eine seltsame Faszination hegte. Als ich seine Geschichte las, löste das irgendetwas in mir aus. Ich kann das nicht genau erklären, aber ich fürchte, es war so etwas wie eine Mischung aus jungmädchenhafter Verliebtheit und Abscheu. Mich irritierte dieser Gegensatz zwischen seinem Unschuldsgesicht und seinem sadistisch geprägten Verhalten. Er war ein Serienmörder, der vier Jungen tötete. Bartsch starb bei einer von ihm selbst gewünschten Kastration auf dem OP-Tisch. Der Arzt hatte ihm ein zehnfach überdosiertes Narkosemittel verabreicht.

Über den »Ruhrkannibalen« Joachim Kroll schrieb der *Stern* Mitte der Siebzigerjahre eine ganze Serie, die ich jahrelang verwahrte. Kroll hatte von 1955 bis zu seiner Festnahme im Jahr 1976 schätzungsweise acht bis 14 Menschen getötet. Das weiß niemand so genau. Unter den Opfern war ein gerade erst vier Jahre altes Mädchen aus Krolls direkter Nachbarschaft. Weil er versuchte, die Eingeweide des toten Mädchens im Klo herunterzuspülen, verstopfte es. Polizisten, die in allen umliegenden Häusern das verschwundene Mädchen suchten, kamen auch in Krolls Wohnung. Sie fanden dort eine Gefriertruhe mit den Überresten seines Opfers. In einem Kochtopf, gefüllt mit Salzwasser, schwammen zwei Hände, zwei Füße, ein Unterarm und ein Oberarm.

Manchmal bin ich mir selbst unheimlich. Beim Einschlafen habe ich mir als Mädchen vorgestellt, wie es wäre, von einem Serienmörder entführt zu werden.

Bin ich deshalb krank? Das glaube ich nicht. Aber ich ticke vielleicht etwas anders als die Durchschnittsfrau. Das Böse im Menschen hat mich immer schon fasziniert, obwohl es mir auf der anderen Seite eine unglaubliche Angst einjagt.

Zurück zu dem dagegen völlig harmlosen »Lou Grant«. Die Serie habe ich sprichwörtlich aufgesogen. Folge um Folge. Wenn ich nachts in meinem Bett lag, stellte ich mir vor, ich wäre die Rothaarige. Gut, die roten Haare hatte ich dank Henna schnell. Das war 1978 und brachte mir einen ganzen Sommer lang den Spitznamen »Feuermelder« ein. Aber alles andere lag noch in weiter Ferne.

*

Dortmund, Markgrafenstraße. Meine Wohnung lag 500 Meter von meinem Arbeitsplatz an der Westfalenhalle entfernt. Ich arbeitete inzwischen im Konzertgeschäft. Auch den Freund hatte ich ausgetauscht. Der Mann, den ich ein Jahr später heiraten würde, saß auf der schwarzen Ledercouch im Wohnzimmer. Es war der 10. November 1989. Wie jeden Abend lief um 20 Uhr die *Tagesschau* im Ersten. Ich stand in der Küche am Herd und kochte Spaghetti Bolognese – mein Lieblingsessen.

Er schrie: »Komm her!«

Ich sah den Bildschirm. Menschen standen auf der Berliner Mauer. Ich konnte das erst gar nicht richtig einordnen. Leute auf der Mauer: Was sollte das? Tatsächlich hatten mein Mann und ich es geschafft, den Fall der Mauer um einen gesamten Tag zu verpassen.

Ich lebte in Dortmund, aber ich kannte die DDR. 1973 war ich das erste Mal in Ludwigslust und bis 1977 fast jeden Sommer dort. 1978 sind meine Tante und ihr Sohn Thomas offiziell ausgereist. Und jetzt Leute auf der Mauer. Tränen, ja Tränen rollten mir über die Wangen – denn die Nachrichten zeigten tatsächlich den Mauerfall. Die ARD sendete mehrfach, ja wie in einer Endlosschleife, die wegweisenden Worte des damaligen DDR-Regierungssprechers Günter Schabowski. Er hatte am Vortag am Ende einer Pressekonferenz auf die Frage zur Reisefreiheit der Ostdeutschen geantwortet: »Das tritt nach meiner Kenntnis ... ist das sofort, unverzüglich.«

Jahre später habe ich erfahren, dass es mein späterer Arbeitskollege Peter Brinkmann war, der ihm den Versprecher, der zum Mauerfall führte, in der Pressekonferenz entlockte. Geistesgegenwärtig hatte Brinkmann dazwischengerufen: »Wann tritt das in Kraft?«

Der Mauerfall 1989 brachte auch für mich als sogenannten Wessi die Wende. Dadurch, dass kein Journalist, der im Westen einen festen Job hatte, bereit war, sich in das Neuland Osten zu wagen, bekam ich meine Chance – ohne Abitur und Studium, ohne Volontariat. Ich hatte drei Monate, um mich als Journalistin zu bewähren. In Dresden und Chemnitz.

*

Eine unglaublich krasse Zeit war das. Ich lebte in einer kleinen, hässlichen Verlagswohnung in Dresden. So eine mit Plaste Dusche mitten in der Küche und Achtzigerjahremuster-Tapeten an den Wänden. Die Heizung blieb meistens eiskalt und in der Spüle stapelte sich das Schmutzgeschirr. Vor lauter Arbeit kam ich einfach nicht mehr zum Aufräumen. Frühmorgens hetzte ich mit meinem weißen Golf los. Ich heize über das, was man zu der Zeit im Osten Autobahn nannte. Es waren aneinandergereihte Löcher im Asphalt. Ich musste jeden Tag bis nach Chemnitz in die Redaktion. Dabei verfuhr ich täglich eine Tankfüllung und hatte einen extremen Zeitaufwand. Das Benzin war knapp, die Tankstellen waren rar gesät und die Zahl der Autos hatte sich auf den Straßen des Ostens innerhalb kürzester Zeit mehr als verdoppelt. Die Tankschlangen waren meistens gut einen Kilometer lang.

Da es eine Datenautobahn für Texte und Bilder zu der Zeit noch nicht gab, gehörte es, sobald der Kurierfahrer tanken musste, zu meiner Aufgabe, die entwickelten Bilder der Fotografen am Abend nach Dresden ins Verlagshaus zu bringen. Manch ein Stau trug Schuld an einem verspäteten Andruck der Zeitungen. Nicht immer konnten sie termingerecht in jede Ecke des Landes ausgeliefert werden. Damit wir nicht schnell wieder das Handtuch warfen, spendierte unser damaliger Verlag wöchentliche Heimflüge. Mein Friseur im Salon »Kopfsalat« in Bochum bemerkte immer spöttisch: »Du bist meine einzige Kundin, die mit dem Flugzeug kommt.«

Dann, als ich mit meinem Sohn schwanger wurde, ging ich nach Berlin.

Der 1. April – kein Scherz – war mein erster Arbeitstag im Verlagshaus am Alexanderplatz. Das ehemalige DDR-Blatt *BZA* war einige Monate zuvor zum *Berliner Kurier* geworden. Sieben Tage die Woche habe ich gearbeitet, zwei Schichten. Morgens für den *Kurier am Abend* und danach für die aktuelle Ausgabe des kommenden Tages.

Der Fall des Wolfgang Sch. machte mich schon nach kurzer Zeit zur richtigen Polizeireporterin. Zu einer Polizeireporterin wie meine rothaarige Heldin bei *Lou Grant*. Ich weiß nicht, warum das so war, denn eigentlich wurden immer die alten Haudegen der Redaktionen zum Polizeireporter erkoren. In meinem Fall aber hatte mein damaliger Chefredakteur mich ausgewählt und gemeint: »Du kannst mit den Menschen weinen.«

2
Die »Bestie von Beelitz« (1)

Wolfgang Sch. ist die »Bestie von Beelitz«. Er schrieb Kriminalgeschichte. Von 1989 bis 1991 sorgte der ehemalige Polizeiangestellte und Erntehelfer durch eine Mordserie an insgesamt fünf Frauen und einem Säugling sowie drei Mordversuchen in Brandenburg für Aufsehen. Die Zeit war schlimm. Wolfgang Sch. löste damals eine regelrechte Panik bei den Menschen in Berlin und Brandenburg aus. Und das ist noch eher gelinde ausgedrückt. Der *Berliner Kurier*, die *BZ* und die *BILD* im Westen der Hauptstadt, überhaupt alle Boulevard- und auch die sogenannten seriösen Medien, sogar Fernsehsender weltweit: Sch. beherrschte fast anderthalb Jahre die Nachrichten. Seine Opfer, alles Frauen, waren zwischen 34 und 66 Jahre alt und wurden von ihm teilweise nach ihrem Tod sexuell missbraucht.

Wolfgang Sch. wurde wegen seiner angeblichen Vorliebe für rosafarbene Frauenkleidung und Damenunterwäsche sowie seiner Größe »Rosa Riese« getauft. Ich glaube, die *BILD* hatte den Namen ins Rennen geworfen. Ich bin mir aber nicht ganz sicher.

Erst nach dem fünften Mord gab es ein gutes Phantombild von dem Frauenkiller und auch etliche Hinweise, die in seine Richtung deuteten. Doch die Polizei, das ist eigentlich kaum zu erklären, reagierte darauf überhaupt nicht. Vielleicht war es für die Ost-Beamten der Wende-Schock, die Unsicherheit und die Angst, was die Zukunft bringen wird. Sie schauten einfach nicht über den Tellerrand – zusätzlich fehlten Erfahrungen. Denn im Osten hatte es so einen Täter bisher nicht gegeben – offiziell nicht. Ein entsetzlicher Fehler war es auf jeden Fall.

Am Dienstag, den 24. Oktober 1989, also 16 Tage vor dem Mauerfall, begann Wolfgang Sch. mit dem Morden. In der Zeit ging ich noch in Dortmund dem lockeren Leben einer erfolgreichen PR-Frau mit Sekt und VIP-Partys nach. Mal bekam ich einen Kuss von einem italienischen, noch heute prominenten Schmusebarden, mal wollte mich ein hartnäckiger Schlagerfuzzi in sein Hotelzimmer abschleppen. Oft schnupfte ich zwischendurch eine Line Speed, um die Nächte der Konzertveranstaltungen und Backstage-Partys durchzustehen. Einige Hundert Kilometer von alldem entfernt brachte an diesem noch angenehm warmen Tag Edeltraud N. die Beete vor ihrer Laube in der 900-Seelen-Gemeinde Deetz bei Brandenburg auf Vordermann. Bevor der Frost einsetzte, wollte die 51-Jährige noch Tulpen stecken. Ganz in ihrer Nähe trieb sich Wolfgang Sch. herum – in Damenunterwäsche, Trainingshose und einem Frauenpulli.

Er wollte sich eigentlich auf einer Müllkippe eine der »damals bei uns verbotenen Gummipuppen« – so Sch. später im Prozess – besorgen. Doch die Kippe, an die er dachte, gab es nicht mehr. Er war enttäuscht, ging zurück in den Wald und onanierte. Dann brach er in ein Nachbarhaus von Edeltraud N. ein. Wolfgang Sch. durchstöberte die Zimmer, suchte nach Unterwäsche. Von dort aus sah er die Frau.

Es war Mittag, als sie von ihrem Mörder bei der Gartenarbeit überrascht wurde. Edeltraud N. versuchte verzweifelt, sich mit einer Harke zu wehren. Sch. entwand sie ihr, schlug seinem ersten Opfer damit den Schädel ein. Dann würgte der »Rosa Riese« Edeltraud N., bis sie sich nicht mehr regte. Die Ermittlungen nach Auffinden der Leiche ergaben: Er hatte die Frau über das Grundstück gezerrt, massiv misshandelt und nach ihrem Tod noch geschändet. Die Polizei verdächtigte erst den Ehemann des Opfers. Im März des folgenden Jahres vergiftete sich dieser mit einem Pflanzenschutzmittel. Er konnte offenbar unter dem schweren Verdacht nicht weiterleben.

Der Abdruck eines Armeestiefels, den die Polizei am Tatort sicherte, brachte die Ermittlungen nicht weiter. Zwar handelte es sich bei dem Schuh um einen Stiefel in Übergröße, doch der Täter war nicht, wie eigentlich bei der NVA in solchen Ausnahmen üblich, auf der Liste der Träger.

Sieben Monate später geschah ein neues Verbrechen. Es trug die Handschrift des Mannes, der zuvor Edeltraud N. in Deetz getötet hatte. Auf einem Müllplatz in Ferch wurde am 25. Mai 1990 die Leiche der Gastwirtstochter Christa N. (34) gefunden. Die Frau, die seit ihrer Scheidung dem Alkohol zusprach und armselig auf dem Platz in einem Wohnwagen lebte, war am Tag zuvor mit einem Kabel erdrosselt und anschließend vergewaltigt worden. Die Fahnder fanden am Tatort Damenunterwäsche, die offenbar nicht der Toten gehört hatte. Auch nach diesem Verbrechen tappte die Kripo weiter im Dunkeln. Die Zusammenhänge wurden nicht sofort erkannt.

Nur wenige Wochen später stach ein Mann auf einer Müllkippe in Wust mit einem Messer auf Edith W. (58) ein, die jedoch überlebte. Auch dieser Angriff wurde als Einzeltat behandelt, ohne einen Blick auf die bereits begangenen Morde zu tun. Etwa ein Jahr darauf, als die Mordserie erkannt worden war, berichtete Edith W. davon dem *Berliner Kurier*: »Ein Montag war es ... Ich war mit meinem Fahrrad auf dem Weg zur Kippe nach Wust.« Die Frau wollte dort ihren Müll entsorgen. Als sie vor einer Kuhle stand, spürte sie einen stechenden Schmerz am Hals, sie sah noch das Blut auf ihrer Bluse und wurde ohnmächtig.

Erst später in der Klinik erfuhr Edith W., dass sie nur überlebte, weil Lastwagenfahrer den Täter gestört hatten und die schwer verletzte Frau fanden.

Wieder wurde es ruhig um die »Bestie«. Acht Monate lang ließ Wolfgang Sch. nichts mehr von sich hören. Bis zum Frühjahr des folgenden Jahres. Am 13. März 1991 spazierte die Köchin Inge F. durch den Wald zwischen Borkheide und Neuendorf bei Beelitz. Sie war auf dem Heimweg von einer Freundin. Zuvor hatte sie sich mit ihrem Mann gestritten. Gegen 18 Uhr muss Inge F. an diesem Tag der »Bestie« begegnet sein. Wanderer fanden die Leiche der 34-Jährigen erst nach mehreren Tagen: Auch sie trug fremde Unterwäsche.

Am 22. März 1991, also nur neun Tage darauf, gab es zwei neue Opfer. Tamara P., Frau eines Chefarztes im russischen Militärhospital Beelitz-Heilstätten, war an diesem Tag mit ihrem drei Monate alten Söhnchen Stanislaw im Kinderwagen im Wald nahe dem Hospital unterwegs. Sie begegnete Wolfgang Sch. Der Hüne griff nach dem Kind im Wagen, packte es an den Beinen und zerschmetterte den Kopf des Babys an einem Baum. Ein unglaublich brutaler Ausbruch. Bei der Obduktion wurden sogar seine Schuhabdrücke auf Kleidung und Körper des Säuglings gefunden. Die schreiende 44-jährige Mutter knebelte er mit einem Büstenhalter. Dann erwürgte er die Russin und vergewaltigte anschließend ihre Leiche. Den toten Körper der Frau schleppte er bis zu 500 Meter an das Haus der Arztfamilie und ließ ihn dort liegen.

*

Erst nach dieser Tat kam endlich Bewegung in den Fall. Eine Sonderkommission aus 48 Ermittlern wurde gebildet und fahndete fieberhaft nach dem offensichtlich abnorm veranlagten Täter, der sich immer schneller neue Opfer suchte.

Ich arbeitete damals im Brandenburg-Ressort des *Berliner Kuriers*. Zwei Kolleginnen und ich schrieben über seine schrecklichen Verbrechen. Wir waren schockiert und angestachelt zugleich – und wir rätselten. Ja, es ist tatsächlich so, wie es sich jeder vorstellt. Für Journalisten bringt der Tod gute Geschichten, je blutiger, desto großartiger – Schlagzeilen-Potenzial, Auflage. Da fallen in Redaktionskonferenzen gerne solche Sätze wie »Das ist ja geil«, »Super-Geschichte«.

»Berliner Taxifahrer aufgefressen« – das war tatsächlich jahrelang *der* Running Gag eines meiner Chefredakteure, wenn er ins Büro der Polizeiredaktion kam. Bis mein Kollege und ich ihm darauf antworteten: »Berliner Ingenieur aufgefressen!« Es war der grausame Mord des »Kannibalen von Rothenburg«. Und alle strahlten. Ich habe mich damals sogar – und das ist jetzt kein Scherz – zur Recherche in einem Kannibalismus-Forum im Internet angemeldet. Als Opfer, für einen Meister, der extrem langsam schlachtet. Den fand ich dort nach nicht einmal einem Tag. Lord Vader nannte er sich und beschrieb mir blutigst, was er alles mit mir machen würde. Ich schlug ein Rezept vor – einen Rheinischen Sauerbraten. Als ich das machte, klingelte mein Telefon. Der Kollege von der Zeitung mit den vier großen Buchstaben war dran.

»Claudia, du glaubst gar nicht, was mir gerade passiert ist.«
Bei mir machte es sofort Klick: »Guten Tag, Lord Vader«.

Wir leben von Tod und Tragödien, wie der Bestatter, der die Toten zu Grabe bringt, wie der Rechtsmediziner, der Polizist ... Alle haben ihre persönliche und teils völlig abwegige Art, mit dem Tod umzugehen. Wenn wir das nicht tun, gehen wir schnell daran kaputt. Es ist der vielleicht etwas unbeholfene Versuch, die Realität des Todes wenigstens eine gewisse Zeit lang auf Abstand zu halten. Nun ja.

*

Die »Bestie« Wolfgang Sch. hatte die Abstände zwischen seinen Taten verkürzt – immer schneller, immer mehr. Nur 14 Tage nach dem Mord an Tamara P. und ihrem Baby ging er auf zwei zwölfjährige Schülerinnen in einem Waldstück nahe der Gemeinde Sputendorf bei Ludwigsfelde mit einem Messer los. Eine zufällige Begegnung. Wolfgang Sch. soll einen lila Jogginganzug und eine geblümte Kittelschürze getragen haben. Er griff die Mädchen an und ließ erst von ihnen ab, als sie ihm das Gesicht zerkratzten. Durch die Messerstiche lebensgefährlich verletzt, wurden sie in ein Krankenhaus gebracht.

Sch. zog derweil frustriert weiter. Am selben Abend beging er seinen letzten Mord. Er brach in ein Haus ein und tötete die Rentnerin Talita B. (66) im Schlaf.

Zwei Tage später fuhr ich das erste Mal im Fall der »Bestie von Beelitz« mit einem Fotografen los. Ich war tierisch aufgeregt. Das war einfach spannend. Wie ein Krimi, in dem ich plötzlich selbst eine Rolle spielen sollte. Heute kommt mir das völlig unwirklich vor. Dieses Jagdfieber, das hartnäckige Verdrängen der Leiden der Opfer und Angehörigen – schon aus Selbstschutz heraus und in der Hoffnung, die große Karriere zu machen. Mittlerweile bekomme ich in solchen Situationen Herzrasen, aber damals konnte ich gar nicht tief genug im Blut baden. Für das, was war, schäme ich mich nicht. Ich kann es nicht ändern.

Unbefestigte Wege und graue Häuser, so sah es zu der Zeit fast überall in Brandenburg aus. Mit einem Fotografen stand ich nach gefühlsmäßig stundenlanger Fahrt mitten in diesem Sputendorf, dem Wohnort der jüngsten Opfer. Der Ort war wie erstarrt in einer unaussprechlichen Angst vor diesem perversen Killer. Komisch ist: Meine Erinnerung daran ist schwarz-weiß. Wie in einer alten *Polizeiruf*-Folge.

Kein Mensch dort wollte mit mir reden. Die Leute waren abweisend. Ich kam mir wie eine Niete vor. Wenig glanzvoll. Regelrecht geärgert habe ich mich über die Dörfler, die mich ganz klar als Eindringling betrachteten – und nicht nur das. Offener Hass schlägt einem bei solchen Tragödien durchaus entgegen. »Haut ab! Verpisst euch.« Die einzigen Fotos, die in Sputendorf entstanden, zeigten verschlossene Häuser und menschenleere Wege. Ich war enttäuscht. So hatte ich mir das nun wirklich nicht vorgestellt.

Aber was hatte ich eigentlich gedacht? Ganz ehrlich: Ich nahm mich wichtig und dachte, ich wäre das auch. Jeder würde wie in der Flimmerkiste darauf brennen, in meiner Nähe zu sein, und mich mit offenen Armen empfangen. Stattdessen wollten die Menschen nur die beiden Kinder nicht gefährden, weil alle fürchteten, der Täter könne zurückkommen und sich die Schülerinnen holen. Wir fuhren gefrustet in die Redaktion zurück. Was sollte ich angesichts dieser Pleite erzählen? Ich habe mich immer extrem unter Druck gesetzt und bei jeder misslungenen Geschichte regelrecht für mein Versagen geschämt. Obwohl das bei uns gelassener gesehen wurde als in anderen Zeitungshäusern. Da sprang früher schon einmal die eine oder andere Karriere über die Klippe. Trotzdem wurde in den Neunzigerjahren auch gerne noch bei der »*Kurier*-Familie« geschrien. Ich nahm mir so etwas immer sehr zu Herzen.

Die Mädchen, sie konnten ihren Angreifer gut beschreiben. Erstmals bekam die Polizei eine Ahnung davon, wie der Mann in etwa aussah, der sie seit 18 Monaten in Atem hielt. Er sei mindestens 1,80 Meter groß (tatsächlich war er 1,90 Meter), schlank, hatte strähnige blonde Haare und trug einen noch flaumigen Schnauzbart. Ein neues Phantombild wurde angefertigt und veröffentlicht.

Die Jagd auf den Killer kam einstweilen ins Rollen – auf seine Ergreifung wurde eine Belohnung von einer zu der Zeit ungewöhnlichen Höhe ausgesetzt: 20.000 Mark. Bei der Sonderkommission gingen über 1.000 Hinweise ein. Mehrere bezogen sich ganz konkret auf die Person Wolfgang Sch. Sogar die Eltern seiner damaligen Verlobten meldeten sich und wiesen die Polizei auf die große Ähnlichkeit ihres künftigen Schwiegersohnes mit dem Mann auf dem Phantombild hin.

Es ist unglaublich, aber es tat sich erneut nichts. Und wieder wurde Wolfgang Sch. über Monate hinweg erst einmal vergessen.

*

In meinem Bauch wuchs immer schneller das neue Leben, das ich keinesfalls gefährden wollte, indem ich auf Mörderjagd ging. Ich verbrachte die Tage daher bald als Wald-und-Wiesen-Reporterin. Mein noch ungeborener Sohn und ich haben dabei einige kuriose »Abenteuer« bestanden. Wir waren zum Beispiel kurz vor der Umbettung des Ober-Preußen Friedrich der Große in seiner Gruft auf der Terrasse des Schlosses Sanssouci in Potsdam. Sein Neffe hatte ihn nach seinem Tod am 17. August 1786 in der Garnisonskirche beigesetzt – gegen den ausdrücklichen Wunsch des Königs. Dieser wurde ihm 205 Jahre später am 17. August 1991 erfüllt.

Der Deutschlandbesuch der holländischen Königin Beatrix ragte aus meinem journalistischen Alltag ebenfalls erfreulich hervor. Sie erinnern sich bestimmt: Damals hatte Hape Kerkeling als Beatrix verkleidet die gesamte Welt genarrt. Er wurde am Schloss Bellevue vom Empfangskomitee glatt mit der Monarchin verwechselt, ließ sich statt ihrer von fähnchenwedelnden Schaulustigen feiern.

Beim Potsdam-Ausflug der Königin Beatrix ins dortige Holländerviertel, der von einem Pulk internationaler Journalisten begleitet wurde, behüteten mich – besser gesagt meinen runden Bauch – die Personenschützer.

»Sind Sie denn wahnsinnig?«, fragten mich die Herren, als sie mich entdeckten und mir im Gedränge den Weg bahnten.

Es war gefährlich für mein Kind, die Profis in Sachen Sicherheit hatten recht. Ganz ehrlich, ich fand mich in diesem Moment überragend. Der damalige Bundespräsident Richard von Weizsäcker, der die Königin begleitete, hatte die Männer auf mich aufmerksam gemacht, als ich mich direkt an ihm vorbeidrängelte. Abends, wir lebten damals im Palasthotel – auf Redaktionskosten natürlich –, kam ich nicht umhin, darüber am Tresen (ich trank Saft) vor den anderen Kollegen zu schwadronieren.

Kurze Zeit darauf, auf der Jagd nach dem berühmtesten Spionagechef der Welt, Markus Wolf, Codename »Mischa«, schickte die Redaktion ausgerechnet mich Greenhorn nach Wandlitz. Am See hatte der geheimste Mann der DDR ein Haus. Eingezäunt, verrammelt und verriegelt. Wolf war aus Angst vor Strafverfolgung seit dem Fall der Mauer verschwunden. Ich sollte nachsehen, ob jemand von der Familie im Seehaus wäre.

Total bekloppt. Als wenn die irgendein Wort mit mir gewechselt hätten. Auf dem Weg dorthin malte ich mir trotzdem aus, was wäre, wenn sie es doch tun würden. Selbstmotivation. Am Tor zum eingezäunten Grundstück hatte sich das auch gleich erledigt. Ich kam nicht einmal bis zum Haus, da unten gab es überhaupt keine Klingel.

Einfach wieder zurück nach Berlin zu fahren, das war mir zu blöd. Unter dem Protest des Fotografen kletterte ich trotz Bauch über den gut zwei Meter hohen Maschendrahtzaun. Über die Rechtmäßigkeit meines Handelns habe ich erst gar nicht nachgedacht. Ich stampfte die Auffahrt rauf (durch die Schwangerschaft hatte ich Wasser in den Beinen), der Fotograf schimpfte – dann sah er Männer am Fenster. Polizei? Ich wusste gar nicht, wie schnell man als Schwangere rennen und zurückklettern kann – in einer sexy Mini-Latzhose und schwarzen Turnschuhen.

Diese gerade noch einmal gut gegangene Eskapade war mir für mein künftiges Arbeitsleben allerdings keine Lehre. Ich erzähle das immer noch gerne. Sagen wir einfach, ich gebe damit an, wie ein Soldat mit seinen Kriegsgeschichten. Das sind doch die Dinge, von denen wir glauben, dass sie uns aus der Masse herausheben. Außerdem, das denke ich heute, wollte ich dem Ossi-Fotografen wahrscheinlich zeigen, was ein Wessi so draufhat.

Ja, das hätte ich damals nie zugegeben, aber wir alle waren Angeber, fanden uns über alle Maßen interessant und gaben uns hauptsächlich mit unsereinem ab. Wir hockten, wie gesagt, abends in den Foyers unserer Hotels und hauten uns gegenseitig die Taschen voll. Keine Frage, das war cool. Vor allem auch, weil das Palasthotel neben dem Berliner Dom zu DDR-Zeiten eine ganz besondere Rolle spielte. Die Geschichten darüber ließen wir uns in den späten Abendstunden in der schummrigen Bar im Untergeschoss des Edelschuppens vom in die Jahre gekommenen Barkeeper erzählen. Die von den langbeinigen, wunderschönen Nutten, die sich lasziv auf den Hockern am Tresen rekelten. Keine Billigware wie auf dem West-Berliner Straßenstrich. Diese handverlesenen Damen waren eigens von der Stasi engagiert, um westliche Gäste oder auch Politiker auszuhorchen. Und wenn nicht an der Bar, spätestens oben in den Zimmern plauderten viele beim Liebesakt, der natürlich von

»Horch und Guck« in Bild und Ton festgehalten wurde. Nützliches Material entstand, mit dem später erpresst und manche Karriere zerstört wurde. Aus Angst um Job und Ehe sprudelte die so angezapfte Quelle stetig. Dafür gab es dort an die 30 mit moderner Abhörtechnik ausgestattete Zimmer.

DDR-Bürger konnten im Palasthotel wie in drei weiteren Hotels des Landes keine Zimmer buchen, nicht einmal in die Bar oder ins großartige Restaurant durften sie. Kein Wunder: Es diente schließlich auch dem Devisenbeschaffer Alexander Schalck-Golodkowski als Treffpunkt für seine Kontakte. Zeitweise lebte auch der Drahtzieher der Geiselnahme von München 1972, Abu Daoud, dort.

Ich war mit meinem damaligen Mann gleich für einige Monate im Palasthotel untergebracht, da wir bei der vielen Arbeit nicht dazu kamen, uns ad hoc eine Wohnung zu suchen.

*

Am 1. August 1991, es war ein ungewöhnlich heißer Sommer, drängte »Die Bestie von Beelitz« in die Schlagzeilen zurück. Mit einer positiven Meldung: »Kommissar Zufall« hatte Wolfgang Sch. geschnappt – in der Person zweier Jogger. Sie wurden an diesem Donnerstag an einer Schonung bei Piepersberg in Brandenburg auf einen Mann aufmerksam. Er trug Frauensachen und holte sich dabei einen runter. Die Sportler erfassten den Ernst der Lage, sie überwältigen den Mann und übergaben ihn der Polizei. Waren wir Journalisten erfreut? Natürlich waren wir das. Aber bei aller Euphorie war uns auch bewusst, dass uns damit auf Dauer ein Schlagzeilen-Garant nach und nach durch die Lappen ging. Es galt, nun die Zeit zu nutzen und herauszupressen, was es nur herauszupressen gab.

An den Tag erinnere ich mich noch im Detail. Ich stand kurz vor der Geburt meines Sohnes und durfte daher nicht mehr zur Recherche aufs Land rausfahren. Also sprang ich in der Redaktion wie ein aufgeregtes Huhn herum und ging allen auf den Wecker.

Keiner ließ mich mehr so richtig mitarbeiten. Für meine Elternzeit nach der Geburt war auch schon ein neuer Kollege gefunden, eigentlich hätte ich auch daheim bleiben können. Ging aber nicht, ich wäre irre geworden, wenn ich nicht wenigstens zuschauen und -hören konnte.

Was für ein Tag. Meine Kollegin Anka, eine gestandene Redakteurin mit typischer Ost-Biografie, kehrte euphorisch die Boulevard-Sau heraus: »Ich bin eine Schulfreundin von Wolfgang«, schwindelte sie ganz untypisch für sie, während sie telefonisch bei den Menschen in den Dörfern um Beelitz im Süden Berlins recherchierte. Später war ihr das, glaube ich, ganz schön peinlich.

Von diesem Moment an wollte ich an Mutterschutz überhaupt nicht mehr denken und ging stur Tag für Tag ins Büro. Sie war einfach zu verrückt und zu aufregend, diese Zeit. Außerdem, das muss ich hier ganz ehrlich aufschreiben, bebte ich vor Angst, dass sich der neue Kollege meinen Job unter den Nagel reißen könnte. Schließlich waren wir alle freie Mitarbeiter und Einzelkämpfer im Beruf. Um diesem Dasein gerecht zu werden, mussten wir immer an der Geschichte der »Bestie« dranbleiben. Wir haben uns teilweise haarsträubende Dinge ausgedacht. Wir engagierten Psychiater, Gerichtspsychologen, Kriminalisten und, als ein angeblicher Liebesbrief der Bestie auftauchte, auch noch einen Grafologen. Der rührte eher für sich die Werbetrommel, als dass er nützlich war. Trotzdem schrieben wir, was der Spezialist in der Handschrift des Mörders las: Wolfgang Sch. war ein Einzelgänger mit schwerer Kindheit und einer gestörten Sexualität. Aha!

Ich muss sagen, es war schon ziemlich schamlos angesichts der Angehörigen der Opfer und deren Leid, was wir da so trieben. Es war ein Kampf jedes Einzelnen um die bessere Geschichte, das bessere Foto, um mehr Auflage. Kollegen von einem anderen großen Verlag nahmen »die Braut der Bestie« (Sch.s Freundin) unter Vertrag. Exklusiv berichtete sie über den »zärtlichen« Mörder und erzählte, wie »er's schön fand, wenn ich ihn mal mit der Hand befriedigt hab!«, während der damals 25-jährige Sch. in der Untersuchungshaft die Morde an fünf Frauen und dem Säugling gestand. Ob sie das tatsächlich sagte, sei dahingestellt ...

Was waren wir alle neidisch – vom Chefredakteur bis zum Polizeireporter jeder deutschen Zeitung. Jeder hätte gerne mit der Frau gesprochen, mit ihr Auflage gemacht. Wir schreiben ja nicht für uns (oder doch?), sondern für unsere Leser.

*

Endlich hatte ich eine Wohnung in Moabit gefunden. Meinen Sohn bekam ich praktisch im Galopp. Bis zwei Tage vor der Geburt hatte ich am Fall der »Bestie von Beelitz« mitrecherchiert. Ich war ein wenig traurig, weil ich dachte, meine Zeit als coole Polizeireporterin wäre mit dem Muttersein vorbei. Ich bekam zwar fürstliche 350 DM Tagessatz, sieben Tage die Woche, aber dafür saß ich praktisch auf einem Schleudersitz. Das war mir jede Sekunde bewusst.

Sieben Monate blieb ich in Elternzeit. Vorerst fand ich es großartig. Mit der Zeit aber kam ich mir mehr und mehr überflüssig und unwichtig vor. Ich hatte so eine Angst, nie wieder Polizeireporterin zu sein. Ich verlor regelrecht meine Sprache, auf jeden Fall wusste ich nicht mehr, worüber ich reden sollte. Tage und Monate mit Depressionen und somit mieser Laune, in denen ich mich von allen alleine gelassen fühlte. Auch von meinem Mann. Diese Zeit, denke ich, war der Anfang meiner Karriere, aber auch der Anfang vom Ende meiner gerade zweijährigen Ehe.

Mit einem Anruf meines Chefs im Mai 1992 landete ich wieder im Leben – also in meinem Job.

»Du musst kommen, arbeiten!«

»Ich kann nicht, ich habe ein Baby!«

»Bring es mit!«

Ich fuhr in den Verlag am Alexanderplatz. Ich kann nicht sagen, dass ich das widerwillig tat – eher das Gegenteil war der Fall.

Ich war stolz wie Oskar und heilfroh, meiner so klein gewordenen Welt zu entkommen. Ich war wieder wer. Meinem Mann, der an jenem Tag Dienst hatte, übergab ich unseren Sohn, damit er mit ihm heimfahren konnte.

Mein Tag war der 14. Mai 1992. Der Tag, an dem die damals vierjährige Monique aus einem Örtchen im südlichen Speckgürtel Berlins verschwand. Blondes Haar, ein engelsgleiches Gesicht. Monique ist das erste Kind in meinem Kopf, auf meiner Seele.

3
Monique P. (1)

Monique verschwand mitten in der Nacht, während ihre Mutter Elli (25) und deren Freund im Wohnraum der engen Zweizimmerwohnung fest schliefen. Das sagte Elli später den Beamten, als sie am Morgen gegen 7.30 Uhr bei der Polizei Alarm schlug. Sie sei um vier Uhr nach ihrem Kind suchen gegangen, überall, in der Wohnung und auch draußen, mit ihrem neuen Freund Bert.

Dass an diesem Verschwinden etwas nicht stimmte, sagte mir mein Bauchgefühl. Am späten Mittag kam ich in dem Örtchen an.

Eine schäbige Wohnsiedlung mit drei- oder vierstöckigen Betonbauten. Die Fensterrahmen waren verwittert, die Farbe blätterte ab. Die matten Glasscheiben schienen dünner als im Westen zu sein. Zwischen den Häuserreihen standen Wäschestangen, etwas Rasen gab es und eine schmutzige Sandfläche, die den Kindern als Spielplatz diente. So trostlos. Für die Recherche zu diesem Buch war ich im Frühjahr 2014 noch einmal dort – es ist bunt und freundlich geworden.

Die Kinder auf dem Hof waren es, die mich gleich anzogen. Ich bin quer über den Rasen auf sie zugestapft und habe mich zu ihnen in den Sand gehockt. Heute wäre das unmöglich, jede Mutter würde wie eine Furie auf einen losgehen. Verständlich. Anfang der Neunzigerjahre musste man das aber noch nicht fürchten. Die Menschen im Osten waren teils wie überrollt vom Westen. Sie wussten nicht um ihre Rechte, da war der Journalist noch wer, so etwas wie eine Amtsperson. Ich habe die Kinder nach Monique gefragt, ob sie am Tag zuvor zusammen gespielt hätten. Hatten sie. Das vermisste Mädchen soll an dem Vorabend sogar eine der Letzten draußen gewesen sein. Monique mochte den neuen Freund der Mutter nicht, das wussten die Kleinen von ihr. Sie ging deshalb lieber später als früher heim. Die Mädchen plauderten alles aus, was sie von ihren Eltern und anderen gehört hatten. Den Grund, warum sich Monique vor dem »Papa« fürchtete, wussten sie nicht, zeigten mir dafür aber mit ausgestreckten Fingern, wo ihre Freundin Monique mit ihrer Mama wohnte. Gleich die erste Hausreihe, im Hochparterre. Ich glaube, die Wohnungstür rechts. Ich stieg die wenigen Steintreppen in den grauen Hausflur hoch, verdrängte jegliche Gewissensbisse, die in mir hochkrochen, und presste meinen Finger auf die Türklingel. Damals fiel es mir noch leicht, den Gedanken wegzudrücken, dass ich bei Leuten vor der Tür stand, die gerade eine Tragödie erlebten. Ich hatte viel zu viel Schiss, meinen Job los zu sein und in Berlin auf der Straße zu stehen.

Ein Mann öffnete uns, das hatten wir nun nicht erwartet. Bert K., er stellte sich als Freund der Mutter des verschwundenen Mädchens vor. Ich lächelte freundlich und offen, fragte nach seiner Freundin und auch gleich nach dem Verschwinden von Monique. Sprich: Ich fiel mit der Tür ins Haus. Ich wurde bedrängend, fordernd und überrumpelte den Mann. Er ließ uns rein. Der Kerl, weiße Haut und dunkelblondes Haar, hatte etwas Linkisches, er war mir fast körperlich unangenehm. Die ganze Atmosphäre in der Wohnung war beklemmend.

Bert K. ging vor ins Wohnzimmer. Ein enger und finsterer Raum, die Rollos waren trotz der fortgeschrittenen Tageszeit runtergelassen. Ein dunkler Teppich, ein dunkles Schlafsofa, ein alter ramponierter Tisch rundeten das Bild ab.

Ich sagte: »Die Polizei hat uns informiert, weil es keine Spur von Monique gibt. Wir wollen Ihnen helfen, sie schnell zu finden. Sicher ist nichts Schlimmes passiert. Erzählen Sie doch bitte, was ist genau geschehen?«

Der Typ, er saß direkt neben mir, druckste herum. Er mied den direkten Blickkontakt, starrte auf die Tischplatte und gebärdete sich etwas eigenartig. Unsicher, als wollte er etwas verbergen. Aufgeregt, dass die Kleine weg war, schien er nicht. Ich glaube, er suchte einfach dringend einen Vorwand, um uns loszuwerden. Bert K. war das schlechte Gewissen in Person. Mein komisches Gefühl gab mir recht. Aber das wurde mir erst später klar.

»Ich kann nur ahnen, wie entsetzlich Sie sich fühlen müssen. Ich habe auch einen Sohn. Es tut mir so leid, wir wollen Ihnen und Ihrer Freundin helfen, die Kleine schnell zu finden. Wir brauchen unbedingt ein Foto von Monique, vielleicht hat jemand heute Nacht die Kleine gesehen?«

Ich redete und redete, bis mein Mund Fransen hatte. So fühlte es sich auf jeden Fall an. Bert K. dagegen starrte vor sich hin. Er hatte irgendwann während meines Redeflusses dicht gemacht. Aber wenn ich in so einem Moment aufhören würde, ihn einzulullen, würde ich gleich wieder aus der Wohnung fliegen – ohne Fotos vom Kind, ohne Geschichte. Da war sie wieder, die Angst vorm Versagen.

Die Situation in der Wohnstube wurde von Minute zu Minute ungemütlicher.

»Ich kann nichts sagen, bin nicht der Vater, und Elli ist ja noch weg.«

Sie würde, wie schon seit dem frühen Morgen, immer wieder den Weg zu Moniques Kita ablaufen. Nichts davon klang sonderlich besorgt.

Ich wusste schließlich nicht mehr, was ich noch sagen sollte. Der Kerl machte mich, was nicht oft vorkommt, sprachlos. Es ist kaum zu beschreiben, aber irgendwie ging von ihm keine echte Reaktion aus. Wenn doch nur Moniques Mutti kommen würde. In so einem Moment steht jeder Redakteur kurz vor einer Panikattacke. Also die Klo-Frage und damit Zeit gewinnen. Es klappt nicht immer, da aber schon.

Kaum, dass ich aus dem Bad raus war, stand sie da. Leichenblass, die Augen ganz rot. Ihre Haare hingen strähnig am Kopf herunter. Die junge Frau hatte gerade erst wieder geweint.

»Es tut mir so leid«, sagte ich erneut und schnappte mir sofort eine ihrer Hände. Sie war kalt und feucht – wie ein toter Fisch. Und

Ellis Blick, der war so hoffnungslos, fast schon in der Gewissheit des tatsächlich Geschehenen.

Elli war mir sympathisch. Einfach gestrickt, krank vor Sorge, das war nicht vorgespielt – und sie liebte Bert. Das glich schon einer gewissen Hörigkeit. Elli machte sich Vorwürfe.

»Ich habe fest geschlafen und nicht gemerkt, wie Monique aus der Wohnung ging.«

Hatte das kleine Mädchen denn keine Angst vor der Dunkelheit?

»Monique schlafwandelt. Ich habe gelesen, dass da so etwas wie Weglaufen schon passieren kann«, sagte Elli.

Mir schien nicht, dass sie davon tatsächlich überzeugt war. Irgendwie beschlich mich das Gefühl, als schiebe sie das nur vor, um nicht zu denken, dass Bert irgendetwas mit ihrer Tochter gemacht haben könnte. Komisch war auch, dass sie in der gesamten Zeit keinen Trost bei ihrem Freund suchte. Der sah seine Freundin nicht einmal an.

»Kann ich in das Zimmer von Monique?«

Ich stellte die Frage ganz behutsam – mit einem Hintergedanken. Ein Foto von der Mutter, am besten auf dem Bett mit einem Bild der Tochter auf dem Schoß. Seien wir ehrlich, das wollen die Leser doch sehen. Am besten noch Tränen dazu – das schafft man mit gezielten Fragen.

»Haben Sie Monique einen Kuss gegeben, bevor sie einschlief und Sie sie zum letzten Mal sahen?«

Wir gingen in Moniques Zimmer. Ein schmaler Raum, hell und einfach. Das Bett stand, glaube ich, auf der linken Seite, das Fenster vor dem Kopfende. Ein Regal mit Donald-Duck-Taschenbüchern. So welche, die ein Bild ergeben, wenn man sie vollständig gesammelt nebeneinanderstellt. Ein kleiner hellbrauner Tisch und ein Schrank, an viel mehr erinnere ich mich nicht. Mein Fotograf fotografierte ein gerahmtes Bild des Mädchens ab. Anschließend machte er auch ein Foto von der Mutter auf dem Bett. Ihr Freund wollte partout nicht mit drauf. Auch das war seltsam. Ich ärgerte mich, weil mir in dem Moment klar wurde, dass ich das Foto von ihm im Laufe der Suche nach Monique brauchen könnte. Später habe ich mir noch eines auf nicht ganz legalem Weg besorgt.

Mit diesem flauen Gefühl einer bösen Ahnung im Bauch fuhren wir zurück nach Berlin. Ich schrieb, ohne meinen Verdacht auch nur anzudeuten. Die Geschichte der verschwundenen Monique erschien am Tag darauf. Fahndungserfolg gleich null! Einfach niemand hatte das verschwundene Kind gesehen, keine Hinweise. Monique tauchte nie wieder auf.

Sechs Wochen vergingen, bis ich wieder ihre Mutter besuchte. In der Zwischenzeit hätte das Mädchen seinen fünften Geburtstag gefeiert. Es war furchtbar beklemmend. Auf dem Tisch im Kinderzimmer standen all die liebevoll verpackten Geschenke. Elli tat mir so leid, helfen konnte ich ihr aber nicht. Mal drücken, mal in den Arm nehmen; wenigstens ein bisschen eingestehen von dem, was ich anschließend vermarkten würde. Mir war lange nicht klar, wie sehr ich Teil dieses Leid-Verwertungs-Systems wurde, das wir »die Medien« nennen.

Dieser Bert, an dem Elli so hing, machte auch an jenem Tag einen großen Bogen um uns. Es war so sicher wie das Amen in der Kirche, dass der Kerl etwas zu verbergen hatte. Ich bat die Mutter, gedanklich noch einmal zurückzugehen – zu den Stunden vor dem Verschwinden ihres Kindes. Manchmal kommen mit etwas zeitlichem Abstand ganz neue Dinge zu Tage:

»Der Tag, der 13. Mai, war ganz normal. Ich ging morgens mit der Kleinen zum Kindergarten, holte sie mittags wieder ab. Kaum zu Hause, rannte sie raus zum Spielen. Um 18 Uhr läuteten die Glocken. Monique war pünktlich. Sie wusste, dass es dann immer Abendbrot gab. Nach dem Sandmännchen, sie aß vor dem Fernseher zu Abend – etwas, was Bert überhaupt nicht leiden konnte –, habe ich sie ins Bett gebracht und gegen 22 Uhr noch nach ihr geschaut. Um 4 Uhr wurde ich wach. Bert rannte ganz nervös durch die Wohnung, geweckt hatte er mich aber nicht. Ich fragte ihn, was los sei. Er sagte nur ›Monique ist weg‹. Seit dem Tag habe ich keine Nacht mehr richtig geschlafen. Tagsüber warte und grüble ich. Monique hatte überhaupt keinen Grund wegzulaufen. Und wohin sollte sie auch gehen? Wir hatten nur selten Streit. Auch mit Bert verstand sie sich gut.«

Letzteres war eher Wunschdenken der armen Frau. Mein anfänglich ungutes Bauchgefühl wurde immer bedrückender und drängender. Früher habe ich nicht so sehr darauf hören wollen, doch es hat mich bisher nur ganz selten getäuscht: Eine kurze Zeit darauf klickten für den Mann die Handschellen. Die Staatsanwaltschaft ließ Bert K. festnehmen. Ein Richter erließ einen Mordhaftbefehl gegen ihn, weil die Spurensicherung auf dem zerwühlten Laken von Moniques Bett sein Sperma entdeckt hatte. Das Laken, auf dem ihre Mutter nach dem Verschwinden ihres Kindes gesessen hatte – und sich von uns fotografieren ließ. Die Vorstellung war und ist grauenhaft. Auf dem Beifahrersitz von K.s Autos soll Urin des Kindes gewesen sein. Das kommt von der Entspannung der Muskeln in dem Moment, wenn ein Mensch stirbt.

Das sind Fakten, die ich nach der Mitteilung über den Haftbefehl gegen Bert K. aus Ermittlerkreisen zusätzlich erfuhr. Wie gesagt, die Zeiten waren anders, die Ermittler noch mitteilsam. Natürlich fuhr ich in Begleitung eines Fotografen sofort los. Ab zur Mutter, zu Elli. Ich hatte viele Fragen: Wie hat sie von dem Haftbefehl erfahren? Standen die Polizisten bei ihr vor der Tür? Was sagt sie jetzt? Weint sie oder ist sie gefasst? Ein neues Foto von ihr ist wichtig und auch eines von ihm. Hat er ihr etwas erzählt, sich gerechtfertigt, vielleicht entschuldigt?

Elli war vor Schock nur noch ein Schatten ihrer selbst. Erschüttert und gleichzeitig ruhig. Der Mann, den sie liebte, sollte ihr das Liebste auf der Welt genommen haben? Verwirrt, ungläubig, voller Angst. Da war auch Trauer. Elli war in diesen Stunden bewusst geworden, dass sie ihr Mädchen nie wieder in den Armen halten würde.

»Warum hat er mir das angetan, warum nur?«

Nach dem »Warum hat er *mir* ...?« fragen übrigens die meisten Angehörigen. Nicht, was hat er meinem Kind nur angetan, was hat es gefühlt? Hatte sie Angst? Tat er ihr weh?

Ich brauchte Elli überhaupt keine Fragen zu stellen. Das war mir ganz recht. Ich wollte nicht unnötig den Finger in die Wunde legen, hätte es aber getan, wenn ich es gemusst hätte. Dabei besteht immer die Gefahr, dass man »verbrannte Erde« hinterlässt. Diese Redewendung hört man oft unter Reportern. Es soll heißen, dass man sich nie wieder bei jemandem sehen lassen kann, um eine weitere Geschichte zu machen. Und dass es auch kein anderer Redakteur mehr kann. Es gibt aber Situationen, in denen man aus Konkurrenzdruck für die eine letzte Geschichte sogar einen Eklat billigend in Kauf nimmt. Doch Provokationen waren hier nicht nötig. Es sprudelte nur so aus Elli heraus. Enttäuschung, Ekel und unbändige Wut.

Ellis Freund schwieg dagegen während der Vernehmungen in den kommenden Wochen. Wenn er doch einmal sprach, dann bestritt er die Tat. Einfach für alles hatte Bert K. eine Erklärung parat. Sogar für sein Sperma im Kinderbett. Er habe dort geschlafen, als Monique schon verschwunden war, und wohl im Traum ejakuliert. Selbst wenn das stimmen würde, wäre es abartig genug.

Die Ermittler waren überzeugt, dass er log. Doch sie hatten keinen Beweis für das Gegenteil: den angenommenen Verdeckungsmord nach dem Missbrauch von Monique.

Irgendwann rückte der Mann doch mit einem Geständnis raus – einem äußerst merkwürdigen. Er habe nicht schlafen können, soll er zu Protokoll gegeben haben. Drei- oder viermal sei Monique in das Wohnzimmer gekommen, in dem er und Elli auf dem ausklappbaren Sofa schliefen. Sie habe ihn immer wieder geweckt, etwas von Gespenstern und einem Mückenstich gefaselt. Dann sei ihm der Kragen geplatzt. Er habe sie in ihr Zimmer gebracht, aufs Bett, ihr den Mund zugehalten und auf die Kehle gedrückt. Monique habe gezappelt. Anschließend habe er sein Ohr auf die Brust des Mädchens gelegt und erst aufgehört, als er den Herzschlag nicht mehr hörte. Danach will er sie in einen blauen Müllsack gepackt und zu einem Container an einer Kaufhalle gefahren haben. Das passte allerdings nicht zum Urin des Kindes auf seinem Autositz. Wenn ich es recht in Erinnerung habe, hat er das damit erklärt, dass Monique Tage zuvor in sein Auto gepullert habe. Aber dafür will ich nicht meine Hand ins Feuer legen.

Ich schrieb über den großen Ermittlungserfolg von Polizei und Staatsanwaltschaft. Ich jubilierte darüber, dass Moniques Mörder ein für alle Mal in Ketten war. Wirklich! Ich freute mich.

Der Inhalt des Kaufhallen-Containers war natürlich zwischenzeitlich geleert und auf einer Müllhalde in Horstfelde bei Zossen gelandet. Mit ihm Monique? 30 Bereitschaftspolizisten und fünf Kriminalisten suchten die Kippe tagelang mit Leichenspürhunden ab. Auch ein Thema für mich. Ich schrieb über Gefühle, von denen ich annahm, dass die Beamten sie haben mussten. Von ihrer Angst, also der Angst, die ich hätte, plötzlich eine Kinderleiche zu finden. Selbst gesprochen habe ich nicht mit ihnen. Dafür war bei der Menge der Texte, die ich zu stricken hatte, keine Zeit. Die Polizeisuche blieb vergebens. Der Vermisstenfall Monique war damit ein Mord ohne Leiche.

Vor Gericht zog Bert K. später sein Geständnis wieder zurück.

So verging der Sommer 1992. Kinder verunglückten, Erwachsene wurden umgebracht. Ich berichtete über all ihre traurigen Geschichten. Mit vor Stolz geschwellter Brust, ob meines Erfolges bei der Fotobeschaffung. Ohne Foto keine Geschichte – so war und so ist das.

»Wie war Ihr Kind so? War es gut in der Schule? Es gab sicher nie Streit. Doch? Ach, das haben Sie doch im Griff gehabt. Kann ich vielleicht ein Foto sehen? Das muss nicht sein, wenn es zu schwer für Sie wird. Aber ich könnte mir ein besseres Bild über Lisa, Anne, Ronny oder Kim machen. Was für ein hübsches Kind! Das müssen wir aber wirklich den Lesern zeigen. Nein? Ach, das ist aber schade. Wenn die Leser so ein Foto sehen, ist das immer hilfreich, um den Täter zu fassen. Die Leute sind dann viel aufgeschlossener! Wissen Sie, manche Täter reagieren auf so ein Bild in der Zeitung manchmal mit einem schlechten Gewissen und stellen sich. Diese Möglichkeit dürfen Sie auf keinen Fall ausschließen.«

Darin war ich wirklich gut. So gut, dass mich die meist männlichen Kollegen gerne an den diversen Haustüren vorschickten – als Frau hat man es in diesem Job tatsächlich einfacher. Ich manipulierte Eltern. Brachte sie in eine gefühlsmäßige Zwickmühle. Ließ ich ihnen überhaupt eine Wahl? Vor mir selbst rechtfertigte ich mich immer mit der Festnahme des Täters – als sei es ausschließlich mein Verdienst gewesen. Damals dachte ich deshalb immer: »Meine blutigen Wanderungen durch die Mark Brandenburg« (frei nach Theodor Fontane) wäre der Titel meines ersten Buches.

4
Die »Bestie von Beelitz« (2)

Im Herbst 1992 hatte mich wieder die »Bestie von Beelitz« gefangen. Am 8. Oktober, also zwölf Tage vor Prozessbeginn am 20. Oktober im Potsdamer Landgericht, rollten wir, die Medien, die Geschichte des Sechsfach-Mörders wieder auf. Ich fuhr mit einem Foto-Kollegen zur Familie von Wolfgang Sch., in einen Ort nahe Potsdam. Mein Traum und auch meine Erwartung: eine weinende Mutter, die mich mit offenen Armen willkommen heißt, mir unter Tränen von ihrem missratenen Sohn berichten würde. Anschließend dürfte ich noch im Fotoalbum der Familie blättern und Wolfgangs Zimmer sehen. So viel zu meiner gewohnheitsmäßigen Wunschvorstellung. Man weiß ja nie! Die Realität sah in diesem Fall ganz anders aus. Rein kam ich bei der traumatisierten Familie natürlich nicht, sie ließ niemanden ins Haus. Alle Fenster waren verhangen, das Namensschild abgeschraubt – nur ein Schäferhund bellte im Hof des Einfamilienhauses. Eine Nachbarin sagte zu mir: »Seit Wolfgang verhaftet wurde, habe ich sie kaum noch gesehen. Sie schämen sich.«

Ich war enttäuscht und tat das, was in einem solchen Fall alle Journalisten – auch die sogenannten seriösen Medien – tun. Ich bequatschte die Nachbarn. Allein mit meinem Fotografen oder gleich im Pulk. So ein Mord ist ein Treffen der Kollegen von anderen Zeitungen und vom Fernsehen, mit denen man sich mehr oder weniger gut versteht. Ich wundere mich immer wieder, dass die Leute, die auf uns treffen, in so einem Fall gesprächig sind. Vielleicht hängt das auch mit dem Gefühl zusammen, selbst im Mittelpunkt zu stehen. Eine Rolle in den Realityshows einzunehmen, die man des Abends in der Flimmerkiste konsumiert. In die Zeitung zu kommen – auch etwas zu sagen zu haben. Viele Nachbarn, in diesem Fall war ich allein mit meinem Fotografen unterwegs, waren sehr gesprächig. Aus der Zeit nach der Verhaftung des jungen Sch. hatten sie schon ordentlich Routine im Umgang mit der Presse bekommen. Das merkte man deutlich.

Die verschiedenen Eindrücke, die mir die Menschen in dem Ort zu Wolfgang Sch. schilderten, ließen mich »die Bestie« plötzlich in einem anderen Licht sehen. Ein Mörder, ja das war er. Das bestritt er ja nicht einmal selbst. Aber so wurde auch er nicht geboren. Er wurde, wie viele Täter, gemacht. Ja, mir ist klar, das mit der schweren Kindheit können und wollen viele nicht hören. Aber die Kindheit, die dieser Junge hatte, wünsche ich tatsächlich keinem. Obwohl ich davon überzeugt bin, dass ein anderer Mensch an seiner Stelle nicht zum Serienkiller mutiert wäre. Wolfgang Sch. schon. Weil er labil war? Weil er sich als Frau im Körper eines Mannes weggesperrt fühlte? Seine Taten sind damit in keiner Weise zu entschuldigen. Aber es änderte doch meinen Gesamteindruck. Dass er schon als kleiner Junge seltsam war, erzählten die Leute zwischen Tür und Angel. Eine Plauderei, wie über den neusten Kinofilm oder die verhasste Nachbarin. Das ist jedes Mal wieder völlig irreal. Aber ich verhielt mich mitunter auch nicht viel anders, indem ich zwar zuhörte, mich aber auch gleichzeitig immer wieder ablenken ließ. Frauen sind ja multitaskingfähig und da war diese süße Katze. Ich nahm sie auf die Schulter und begann, das Grauen wegzukuscheln. Es sind Aussetzer, die ich dann und wann immer wieder habe. Ich muss mich beruhigen, wieder fassen.

*

Ja, um zu kriegen, was ich wollte, flirtete, bezirzte, schmeichelte ich. Seine Lehrerin (51) beschrieb Wolfgang Sch. als Einzelgänger (wie der Grafologe schon).

»Im Unterricht hat er kaum gesprochen, in den Pausen nie mit seinen Klassenkameraden gespielt. Nachmittags schleppte ihn seine

Mutter oft mit ins Jugendwerk Lehnin. Sie war Erzieherin, passte so auch auf Wolfgang auf. Der Umgang mit den schwer erziehbaren Jugendlichen, den er dort hatte – das war sicherlich nicht gut.«

Wir blieben bis zum Abend in dem Ort. Kurz vor Aufbruch kehrten wir noch in eine kleine Gastwirtschaft ein. Es war wie im Western: Die Fremden kommen herein, jedes Gespräch erstirbt und einer zieht seinen Colt. Ich bin heute noch erstaunt, dass wir nicht gleich rausgejagt wurden.

Ein Bier am Tresen zwischen älteren, etwas mürrisch wirkenden Herren. Einfache Leute, sehr verstockt. Sie stierten hinter ihren Gläsern zu mir. Aber mal ehrlich, mit einem passablen Aussehen lockt man als Frau schnell die Leute aus der Reserve. Auch die Mitleidstour über die belastende Arbeit zieht. Einer, ein Freund von Wolfgang, redete. Beide seien immer gemeinsam zur Disco gegangen.

»Wolfgang war ganz scharf auf Mädchen. Doch keine wollte ihn, das war sein Problem. Er hatte eine strenge Erziehung daheim, musste seinem jüngeren Bruder immer Vorbild sein.«

Verständnis für den Mörder Sch. hatte er nicht. Oder für dessen Trauma, eine Frau gefangen im Körper eines Mannes zu sein. Vielleicht hatte sich Sch. in jener »Disco-Zeit« selbst noch nicht so empfunden, nur ein gewisses Anderssein gespürt. Ich weiß es nicht, ich kenne Wolfgang Sch. nicht persönlich. Alle meine Bemühungen um ein Gespräch hat er bisher abgelehnt. Meine Briefe beantwortete er nicht.

Eine der Geschichten, die ihn geprägt hatten, kam später im Prozess an den Tag. Der kleine Wolfgang, da war er gerade vielleicht sechs oder sieben Jahre alt, habe mit der Wäsche seiner Mama Verkleiden vor dem Spiegel gespielt. Eigentlich hätte es kein Grund zur Sorge für seine Eltern sein müssen. Die Mutter von Wolfgang Sch. war aber eine, so heißt es, sehr, sehr strenge Frau. Sie soll ihn einem furchtbar peinlichen Verhör unterzogen haben. Es habe harte Strafen gegeben. Schläge, Stubenarrest, Schläge. Der kleine Wolfgang durfte dem Bericht nach nicht mehr mit den Dorfkindern spielen. Und so wuchs er auf – zu einem der bekanntesten Serientäter Deutschlands.

Auch seinen Bruder traf ich an diesem Tag. Er wohnte am Ortseingang mit seiner schwangeren Frau. Er war so hochgewachsen wie Wolfgang Sch., fuhr Eis oder Lebensmittel aus, wenn ich das noch richtig zusammenkriege. Er sagte mir, es sei eine schöne Kindheit gewesen. Nur für wen, fragte ich mich. Das Gespräch führten wir mitten auf der Straße.

Nachdem es raus war, seien er und seine Familie einem unglaublichen Hass ausgesetzt gewesen. »Mörderfamilie« habe es plötzlich geheißen, nicht nur hinter vorgehaltener Hand. Sie seien auch von Leuten angespuckt worden. Am heftigsten habe es seine Mutter mitgenommen. Sie sei nur noch ein nervliches Wrack. So beschrieb mir Wolfgangs Bruder die Situation der Familie. In einem besonders krassen Fall sei er selbst nachts von Unbekannten zusammengeschlagen worden. Seinen Job bei einem regionalen Securitydienst habe er verloren, drei weitere danach auch. Den Bruder eines Mörders wolle halt niemand um sich haben, meinte er. Und brach in der Folge deshalb mit Wolfgang. Er habe ihn seither nicht mehr gesehen, habe keinen Bruder mehr.

Der Vater besuche den Sohn noch regelmäßig. Auch die Freundin – jedes Wochenende mit selbst gebackenem Kuchen und Kaffee.

Ende November 1992 wurde Wolfgang Sch. zu 15 Jahren Haft und der sofortigen Einweisung in ein psychiatrisches Krankenhaus verurteilt. Das Gericht billigte ihm eine verminderte Schuldfähigkeit zu.

Seither lebt er – oder besser gesagt sie (Sch. ist laut Ausweis jetzt eine Frau) – in der Landesklinik Brandenburg an der Havel. Auch dort ließen wir, die Medien, ihn nie so richtig in Ruhe. Einem Fotografen gelang einmal der unglaubliche »Abschuss« von Sch. im Klinikgarten beim Aufhängen der Wäsche: Er trug dabei nichts außer einem Bikini. Seine Haare waren wirr und lang. Jeder hat sich nach diesem Bild die Finger geleckt. Es ging an den Meistbietenden – wir waren es nicht. Dann tauchten auch noch Bilder aus der Überwachungskamera einer Tankstelle auf, die Wolfgang Sch. beim Einkauf von angeblichen Sexheftchen zeigten. Tatsächlich waren es, glaube ich, Frauenzeitschriften.

Wolfgang Sch. heißt heute Beate. Nach einigen Jahren gab er einmal in einem Fernsehinterview Einblick in seine Welt. Er sagte, ihm sei erst viel später, nach seiner Festnahme, bewusst geworden, dass er die Frauen getötet hatte. Er ließ sich in Kleidern und Pumps filmen, auch in seinem mit Kuscheltieren dekorierten Bett. Sollte Sch. je als geheilt entlassen werden? Die Vorbereitungen dazu laufen schon.

Ich halte das für einen großen Fehler. Es ist bekannt, wie schwierig es um die Therapierbarkeit von Sexualverbrechern bestellt ist. Es bedarf nur eines Auslösers, einer Zurückweisung, einer ungünstigen Situation: Dann macht es wieder Klick in den Köpfen. Trotzdem tun sie mir leid – aber das Leid ihrer Opfer und das Leid der Angehörigen wiegen mehr.

Bei Wolfgang »Beate« Sch. wird es womöglich Klick machen. Spätestens, wenn wir, die Medien, vor seiner Tür auftauchen. Wenn wir ihn abschießen, also heimliche Fotos von ihm machen, und sie aller Welt zeigen. Er wird keinen einzigen unbeobachteten Schritt mehr machen können, sobald wir ihn einmal aufgespürt haben. Er wird leiden wie ein Hund, keine Freunde finden und keinen Lebenspartner. Und irgendwann ist sie wieder da – die Wut. Verständlich, oder? Ich werde mich mit Sicherheit nicht an dieser Hatz beteiligen. Versprochen!

5
Monique P. (2)

Zwischenzeitlich stand Bert K. wegen der mutmaßlichen Tötung der Tochter seiner Freundin, der kleinen Monique, vor Gericht. Ich hatte durchgesetzt, dass ich neben meiner Arbeit als Polizeireporterin auch zu einigen Prozessen durfte – wenigstens zu denen im Land Brandenburg. Bei dem Verfahren gegen Sch. war mir das versagt geblieben. Ich war stinksauer darüber! Ich habe mich so etwas von verkannt, zurückgewiesen und gekränkt gefühlt. Immer noch, wenn ich daran denke. Wolfgang Sch. hat mich, wie in meiner Kindheit Jürgen Bartsch, angeekelt und gleichzeitig bestürzt und fasziniert.

Der Prozess im Mordfall Monique zog sich über ein paar Wochen hin. Er endete im Februar 1993 mit einer lebenslänglichen Haft für Bert K., obwohl sein Berliner Anwalt, der wunderbare und inzwischen leider verstorbene Hans-Ekkehard Plöger (ich habe ihn und seinen Witz sehr geschätzt, er nahm als junger Anwalt sogar Schauspielunterricht – einfach genial), immer auf die dubiosen Umstände des Geständnisses pochte. Die Verhandlung wurde dadurch phasenweise zu einer Posse, in der sich Staatsanwalt, Verteidiger und Richter fast aufführten wie beim *Königlich Bayerischen Amtsgericht*. Auch so eine ZDF-Serie der späten Sechzigerjahre mit Volksschauspieler Gustl Bayrhammer in der tragenden Rolle des Bürgermeisters Korbinian Kottmayr. Im Abspann sagte er immer: »Das Leben geht weiter, ob Freispruch oder Zuchthaus, auch in der guten, alten Zeit – und auf die Guillotin' hat unser alter Herr Rat eh niemanden geschickt … Eine liebe Zeit, trotz der Vorkommnisse – menschlich halt. Und darum kommt es immer wieder zu diesen Szenen – im Königlich Bayerischen Amtsgericht.« Als ich die Serie sah, war ich gerade erst sieben Jahre alt.

*

Bei den merkwürdigen Umständen des Geständnisses von Bert K. spielte leider auch ich eine unrühmliche Rolle – aus Gedankenlosigkeit. Anwalt Plöger präsentierte plötzlich während der Verhandlung einen *Kurier*-Artikel, der aus meiner Feder stammte. Ich war die Einzige gewesen, die damals geschrieben hatte, wie es zu dem Geständnis kam. Ich hatte mich gut mit der zuständigen Staatsanwältin verstanden – und sie erzählte mir, wie sie zu der Aussage von Bert K. gekommen war. Vermutlich hatte sie einfach nicht damit gerechnet, dass ich darüber schreiben würde. Hatte ich aber! Beschwert darüber hatte sie sich bei mir bis dahin nicht. Und jetzt wurde ebendieser Beitrag von mir als Beweis für ein unzulässiges Verhalten der Staatsanwältin in den Vernehmungen von Bert K. angeführt.

Sie hatte gebluifft. Wie der böse Bulle im Kino hatte sie behauptet, man habe die Leiche Moniques gefunden. Das hätte sie nie und nimmer machen dürfen. Aber da zerbrach der Wille von Bert K. – und er gestand. Sein Anwalt forderte daraufhin, das Verfahren gegen seinen Mandanten einzustellen, weil es ohne den Bluff nie eine Aussage gegeben hätte. In den USA wäre er wahrscheinlich damit durchgekommen. Ich saß derweil mit Pumps, weißer Perlenkette, schwarzem Kleid und blass wie immer in der ersten Reihe – meinem Geltungsdrang geschuldet – und sollte in den Zeugenstand. Wie ich mir vorkam? Wichtig! Interessant! Fast hätte ich es auch noch getan. Zum Glück erklärte mir der Vorsitzende Richter, dass ich als Journalistin die Aussage verweigern dürfe.

Die Verurteilung von Bert K. brachte Moniques Mutter Elli ihren Frieden nicht zurück. Verarbeiten konnte sie den Gewalttod ihres Mädchens nie. Denn was tatsächlich mit Monique passiert war, kam nie ans Licht. Es gab keine Chance zum Abschied. Für Elli gab es keinen richtigen Ort der Trauer. Sie schuf ihn sich selbst: In ihrer Verzweiflung kaufte sie ein Grab auf dem kleinen Friedhof am Ortsrand. Sie ließ einen rosafarbenen Stein aus Marmor in Herzform fertigen, mit einem Foto von Monique. Mich lud sie ein, mit ihr auf den Friedhof zu gehen. Es hatte geschneit und Elli stand mit Tränen in den Augen am leeren Grab. Sie sagte: »Monique fehlt mir so sehr.«

Der Bundesgerichtshof in Karlsruhe hob das mit lebenslänglich meinem Gefühl nach durchaus angemessene Urteil gegen Bert K. auf. Elli brach zusammen, als sie dies im Dezember 1993 erfuhr.

»Was ist das für eine Gerechtigkeit«, schrie sie mir ins Gesicht.

Das von Bert K. durch den Bluff erzwungene Geständnis war der Grund dafür. Ich hätte vor Wut über meine eigene Dummheit aufschreien können. Gegen die Staatsanwältin wurde sogar ein Ermittlungsverfahren eingeleitet. Der damalige Sprecher des BGH sagte zu mir, der Angeklagte könne sogar freigesprochen werden. Mann, war mir schlecht.

So extrem kam es dann aber zum Glück nicht. In einer neuen Verhandlung vor dem Landgericht in Frankfurt (Oder) wurde er im Mai 1996 zu achteinhalb Jahren wegen Totschlags verurteilt. Bert K. hatte plötzlich doch gestanden und erneut behauptet, er habe Monique erwürgt, weil sie ihn in der Nacht geweckt hatte. An diesem Tag habe ich Mutter Elli zum letzten Mal gesehen. Sie hat mich schroff zurückgewiesen, wollte nicht mehr mit mir reden. Hätte ich nur nie über die Umstände des Geständnisses geschrieben. Es gab sonst keinen Beweis dafür, es hätte niemand gewusst ...

Was aus Bert K. wurde, habe ich nie herausgefunden. Theoretisch müsste er längst in Freiheit leben. Ein Mann in den besten Jahren sozusagen, ein Mann mit Zukunft und einem neuen Leben. Einer, der alles hat, was er seinem kleinen Opfer nahm. Bert K. ist jetzt um die 50 Jahre alt. Vielleicht hat er ja selbst Kinder.

Elli fand einen neuen Freund, der ihr Kraft gab. Ich wüsste zu gerne, wie es ihr heute geht. Aber ich traue mich nicht, sie zu suchen.

6
Maja St. (1)

Im Sommer 1994 erzählte mir ein Polizist aus Frankfurt (Oder) zum ersten Mal von dem schrecklichen und bis dahin ungeklärten Mord an Maja St. (13). Die Tat war sechs Jahre zuvor geschehen. Kaum ein Verbrechen hatte 1988 die Menschen in der DDR so bewegt. Aber »mein« Polizist, ehemals ein Mitglied der Ermittlergruppe, war längst versetzt, jetzt Pressesprecher. Er hatte keine Ahnung, bei welcher der Brandenburger Mordkommissionen die Akte des Mädchens liegen könnte. Ich denke, er hat es mir nur erzählt, damit ich für ihn recherchiere.

Der Mord an Maja ließ mich nicht los. Egal, mit wem ich in den verschiedenen Polizeipräsidien des Landes sprach, ich fragte nach Maja. Eine ganze Weile verging dabei, wie lange, das weiß ich heute nicht mehr. Dann hatte ich die Akte 1036/88 aufgespürt. Sie stand im Büro der Eberswalder Mordkommission, der der wunderbare und sympathische Kriminalhauptkommissar Reinhard H. vorstand. Ich bat ihn um einen Termin, was ihm irgendwie nicht so ganz behagte. Das war verständlich, weil Polizisten immer die rechtliche Seite abwägen müssen, beispielsweise den Datenschutz, wenn sie mit Journalisten über ihre Fälle reden. Ein wichtiger Aspekt ist auch das »Täterwissen«: Wenn ein Verdächtiger gesteht, kann er versuchen, sein Geständnis zu widerrufen, indem er behauptet, er habe ja alles nur in der Zeitung gelesen.

Zurück zu Maja. Reinhard H. gab meinem Drängen nach. Majas Schicksal hatte auch ihn berührt. Ich fuhr daraufhin nach Eberswalde und sah Majas Foto zum ersten Mal. Sie war schön, ich fühlte mich eigenartig betroffen. Vielleicht auch deshalb, weil Maja einer Ost-Schauspielerin aus dem *Polizeiruf 110* verblüffend ähnlich sah.

Der bestialische Mord an Maja St. geschah am 29. Juni 1988. Es war ein Mittwoch. Ein glücklicher Tag für mich, ich hatte das dreitägige Pink-Floyd-Konzert in Nordrhein-Westfalen erfolgreich promotet. Ich denke grundsätzlich immer darüber nach, was ich in dem Moment einer Tragödie gerade selbst gemacht habe. Der Tag muss zunächst auch für Maja doppelt herrlich gewesen sein, es gab Zeugnisse in Berlin und der beginnende Sommer versprach ein perfektes Ferienwetter. Als sie gegen 13 Uhr von der Schule heim in die elterliche Wohnung in Marzahn kam, lag ihre Mutter auf dem Balkon und aalte sich in der warmen Sonne.

Maja wurde schnell ganz ungeduldig. Sie quengelte, weil sie endlich zum Veltener Autobahnsee fahren wollte. Fünf Tage bei Onkel und Tante, die damals dort wohnten, waren ausgemacht. Ihre Mutter gab dem Drängeln der Tochter nach und packte die Tasche, das Badezeug und ein Buch zusammen.

Angst, dass ihrer Tochter auf dem Weg etwas zustoßen könnte, habe sie damals nicht gehabt, sagte sie später im Prozess gegen den Mörder ihres Kindes aus. Maja sei schließlich nicht das erste Mal alleine zu ihren Verwandten gefahren. Außerdem war sie schon extrem selbstständig, wie viele Kinder aus der ehemaligen DDR.

Maja hatte sich für den Besuch extra hübsch gemacht. Sie trug ihren roten Rock mit den weißen Punkten, den ihre Mutter genäht hatte, und ein grünes Shirt. Sie nahm die S-Bahn bis Borgsdorf. Von dort sind es höchstens 30 Minuten zu Fuß bis zum See. Zwar gab es auf der knapp drei Kilometer langen Strecke auch eine Buslinie, aber die fuhr recht unregelmäßig. In Borgsdorf wurde Maja von Zeugen zusammen mit einem jungen Mann gesehen. Am See jedoch, wo ihr Onkel Bademeister war, kam das Mädchen nicht an. Das besorgte ihn und seine Frau nicht großartig. Weil die Verabredung nicht 100-prozentig fest war, gingen beide davon aus, dass Maja und ihrer Familie etwas dazwischengekommen sein musste. Mal eben schnell anrufen: Das ging ja nicht. Nur wenige DDR-Bürger hatten einen eigenen Telefonanschluss zu Hause.

Erst Tage später, am Montag, erfuhr Majas Mutter durch ein Telefonat mit ihrer Schwägerin, das sie von der Arbeit aus führte, dass sich ihre Tochter nicht wie gedacht in Velten aufhielt. Kaum ein Moment kann angsteinflößender sein. Sie meldete ihr Mädchen sofort bei der Polizei als vermisst. Nicht ahnend, dass Maja längst tot war. Entsetzlich! Spaziergänger hatten die Leiche der Schülerin bereits einen Tag zuvor, am Sonntag, entdeckt. Majas völlig zerkratzter und nackter Leichnam lag unter einer alten Decke in einem Waldstück, 20 Kilometer von Borgsdorf entfernt. Ihr Mörder hatte sie gefesselt, vergewaltigt und anschließend erdrosselt. Bei der Leiche des Mädchens lagen ein blutiger Strick mit einem Seemannsknoten und ihre Kleider. Majas Unterwäsche war mit Körperflüssigkeiten beschmiert. Die Ermittler vermuteten Spermaspuren darauf. 1988 waren die allerdings noch nicht nachweisbar. Zum Ablageort führten Reifenspuren. Die Untersuchung der Erdreste darin legte den Schluss nahe, dass Maja schon in Velten und nicht erst in dem Waldstück getötet worden war.

»Wir haben nach dem Mord über 4.000 Personen überprüft«, erinnerte sich der Eberswalder Kriminalhauptkommissar Reinhard H. in unserem Gespräch über Majas Gewalttod. Er hatte in seinen ersten Berufsjahren bei der Polizei ebenfalls bei der 50 Leute starken Sonderkommission gearbeitet, unter der Führung der zuständigen Mordkommission in Frankfurt (Oder). »Ein Jahr waren wir während der Ermittlungen in Kasernen untergebracht.« Maja bestimmte das Leben der Polizisten. »Wir hatten kein anderes Thema.«

Fast zwei Jahre suchte die SOKO nach dem Mörder des Mädchens – sie hatte keinen Erfolg. In Vergessenheit aber geriet der Fall Maja nie. Die Ermittlungsergebnisse füllten bald 60 Aktenordner. Und die hütete Reinhard H. wie seinen Augapfel. Was sich später als eine weise Entscheidung herausstellen sollte.

7
Sarina Sch. und Janine G.

Buß- und Bettag, der 20. November 1991. An diesem Tag wurden zwei Marzahner Schülerinnen ermordet: Sarina (15) und ihre ein Jahr ältere Freundin Janine. Die Mädchen wollten nach Rietzneuendorf nahe Lübben. Sarinas Vater hatte dort einen Landgasthof. Beide nahmen den Zug. Zeugen sahen sie auch noch am Bahnhof der Ortschaft Brand, dort sollten sie eigentlich abgeholt werden, was allerdings nicht klappte. Danach verlor sich ihre Spur. Irgendwann, vermutlich nur kurz darauf, müssen sie ihrem Mörder begegnet sein. Einem völlig mitleidslosen Killer, brutal und grausam. Einem sadistischen Typen, der aus reinem Lustgewinn Mädchen und Frauen quält. Mit Sicherheit bot er ihnen an, sie das Stück bis Rietzneuendorf zu fahren. Die Mädchen werden freiwillig in seinen Wagen, einen Audi, gestiegen sein.

Vier Tage blieben die jungen Berlinerinnen verschwunden. Dann fand man Janine. Sie lag erdrosselt in einem Wald bei Ahrensdorf nahe Zossen. Ganze 50 Kilometer entfernt, in einem Wald bei Luckau, lag die Leiche ihrer Freundin Sarina – sie starb durch einen Stich in den Hals, wurde erst am 30. November entdeckt. Beide Mädchen waren vor ihrem Tod vergewaltigt und misshandelt worden – und es gab einige Parallelen zum Mord an Maja. Darauf kam die Polizei aber erst mehrere Jahre später.

Es dauerte lange, bis der Mörder von Sarina und Janine gefasst wurde. Am Tatort war eine abgerissene Gummitülle einer Schwellerentlüftung eines Audi 100 (Wert: 40 Cent) entdeckt worden. Ein wichtiges Detail, das mir ein Staatsanwalt steckte. 4.000 Autos der Marke wurden daraufhin überprüft. Dann hatten die Ermittler den Täter. Harald Sch. (damals 31 und von Beruf Rinderklauen-Schneider) hatte das Auto einen Tag nach den Morden an eine Steglitzer VW-Werkstatt verkauft. Er wurde nach einer zehntägigen Fahndung verhaftet – in einer Berufsschule. Der Vater von zwei Kindern war gerade auf dem Weg, Justizbeamter zu werden. Er leugnete natürlich. Sein Fingerabdruck an dem Klebeband, mit dem er Janine die Augen verklebt hatte, überführte ihn. Harald Sch. wurde Anfang 1994 in Cottbus zu lebenslanger Haft verurteilt.

An einem einzigen Tag – ich hatte frei – bin ich in die Lausitzstadt gefahren, nur um diesen Kerl vor seinen Richtern zu sehen. Er war so etwas von kalt und gleichgültig. Ich bekomme heute noch eine Gänsehaut, wenn ich an diese bösartigen Augen denke.

8
Maja St. (2)

Im Jahr darauf, 1995, geriet Harald Sch. überraschend auch im Fall Maja St. unter Verdacht. Die Ermittler hatten die Taten verglichen und wollten Ähnlichkeiten zwischen den drei Morden erkannt haben. Auf der Decke, unter der Majas Leiche beim Auffinden gelegen hatte, waren Tierhaare gesichert worden. Das passte zu dem Verdächtigen der anderen Fälle, dem Rinderklauen-Schneider. Harald Sch. weigerte sich aber konsequent, mit den Kripo-Leuten zu sprechen. Ihm wurde Blut für eine DNA-Analyse abgenommen. Gerichtsmediziner der Humboldt-Universität konnten aber weder Sperma- noch Blutproben eindeutig den bei Maja gesicherten Spuren zuordnen.

Auch mein Bericht im *Kurier* und die Berichte verschiedener anderer Zeitungen brachten keine neuen Hinweise. Die Eberswalder Mordkommission hütete weiterhin die Akten.

Mir schwirrte Maja ständig im Kopf herum. Einige Male war ich an ihrem Grab. Ich konnte und kann bis heute nicht verstehen, dass ihr Mörder sein Leben so viele Jahre unbehelligt weiterführte. Diese Kerle jammern später immer vor Gericht über ihre schreckliche Kindheit, die in manchen Fällen entsetzlich gewesen sein mag – aber doch allein keine Entschuldigung sein kann. Sie jammern über ihren »Trieb«, den sie angeblich nicht steuern konnten. Schlimmer noch: Es gibt etliche Täter, die ihren Opfern sogar noch die Schuld am eigenen Tod geben. Da hört es bei mir auf. Wie abgebrüht und abgrundtief böse muss ein Mensch sein, ihnen noch den letzten Rest an Respekt zu verweigern.

*

Dezember 2003. Mir ging es zu der Zeit ziemlich schlecht. Ich hatte drei Monate zuvor meine Mutter bei einem Verkehrsunfall verloren. Und stand völlig neben mir. Ängste, schiere Panik, Zwangshandlungen – das alles kannte ich zu der Zeit schon zur Genüge. Ich habe gedacht, ich werde verrückt, reif für die Klapse. Ein Jahr zuvor, nach einer extremen Lebensmittelvergiftung, hatten mich immer wieder Todesängste geplagt. Mein Leben ist mir zwar seit jeher nicht so wichtig, aber das meines Sohnes ist es umso mehr – für ihn wollte und will ich immer da sein.

Ich hatte in jener Zeit etliche Kaufzwänge, die mich fast an den Rand des Ruins trieben. Eine kurze Freude über einen neuen Pulli oder eine völlig überteuerte Tagescreme. Ich weiß, dass es sich absurd anhört. Aber es war einfach so. Die Shoppingtouren brachten mich für eine Zeit wieder in die Bahn. Doch plötzlich nahm ich wiederum von den dabei gekauften Sachen an, dass sie mir Unglück bringen könnten. Mit solch einem Irrsinn kämpfe ich heute noch manchmal. Einfach wegwerfen wollte ich das Zeug nicht, obwohl ich es mitunter doch tat. Vieles schickte ich meiner Mutter – bis zu ihrem Unfall. Sie hatte meine Größe und einfach nicht die Kohle, sich ständig neue Klamotten zu kaufen. Noch heute bin ich mir sicher, dass ich kurz vor dem Wahnsinn stand. Meine Mutter kam ums Leben und ich war fortan überzeugt, ihr den Tod ins Haus geschickt zu haben. Natürlich weiß ich, dass es so etwas nicht gibt – totaler Blödsinn. Darüber habe ich noch nie mit einem Psychiater gesprochen. Auch nicht über meine völlig irren Zwangshandlungen, die mein Leben regelrecht blockierten. Ich zog mir am Morgen manches Mal immer wieder einen Pulli an und aus, bis ich einen positiven Gedanken für den Tag fassen konnte. Ich schloss Türen auf und zu, machte Wasserhähne an und aus. Versuchen Sie mal, so etwas vor Ihrer Familie zu verstecken.

Aus meinem Wahn riss mich ein Lichtblick: Majas Mörder wurde in diesem für mich so tragischen Winter 2003 endlich gefasst – tatsächlich anhand der alten DNA-Spur am roten Rock des Mädchens.

Rüdiger G. (48) aus Döblin bei Leipzig wurde festgenommen. Ein verheirateter Mann, Vater dreier Kinder und vorbestrafter Vergewaltiger. Er war gerade drei Tage zuvor aus dem Knast entlassen worden, als die Handschellen abermals klickten.

Zu dem sensationellen Durchbruch im Fall Maja kam es, weil endlich der genetische Fingerabdruck von Straftätern in einer bundesweiten Kartei gespeichert werden durfte. Der Abdruck von Rüdiger G. war zwei Jahre vor der Festnahme genommen worden. Da die DNA auf Majas Kleidung, wie die meisten gefundenen Genspuren, routinemäßig immer wieder durch diesen Computer, die Gendatei, gejagt wurde, war der Erfolg nur eine Frage der Zeit gewesen.

Ein großer Tag für Kommissar Reinhard H. »Ich bin wirklich überglücklich. Kaum ein Fall hat mich persönlich so berührt«, sagte er mir damals erleichtert.

Täter Rüdiger G. legte sofort ein Geständnis ab, bestritt aber, Maja ermordet zu haben. Er behauptete, er habe das schwer verletzte Mädchen einfach am Straßenrand abgelegt. Niemand schenkte ihm Glauben – 15 Jahre Haft!

Werner St., der Vater von Maja, durfte diese Verurteilung allerdings nicht mehr erleben. Er war einige Jahre zuvor an Krebs gestorben – und seither mit seiner Tochter im Tode vereint. Er wurde neben Maja beigesetzt.

*

Frühjahr 2013. Schnee liegt noch auf dem Friedhof in Berlin-Friedrichsfelde. Es ist Ende März. Greller Sonnenschein lässt mich blinzeln. Mir ist bitterkalt und unter meinen Schuhsohlen knistert der gefrorene Boden. Ich muss nicht überlegen, welchen Weg ich einschlagen soll – irgendwie führen mich meine Schritte automatisch zu meinem Ziel, obwohl mehr als zehn Jahre seit meinem letzten Besuch dort vergangen sind. Dann stehe ich vor dem Grab von Maja und ihrem Vater Werner St.

Es liegt am Ende einer kurzen Reihe, das hatte ich allerdings anders in Erinnerung. Und damals stand auch kein roter Container direkt daneben. Er zerstört die Friedlichkeit. Nur die Spitzen eines lilafarbenen Tulpenstraußes ragen aus dem Schnee, und auf dem Sockel des Grabsteins steht ein kleiner weißer Engel, der jetzt auf Tochter und Vater achtet.

Maja, ich habe weder dich noch deine Eltern gekannt, und ich weiß nicht, warum es von Anfang an dein Schicksal war, das mich mit am meisten berührte.

9
Jane F.

Der Sexualmord an der kleinen Jane hat mich besonders tief erschüttert. An diesem Tag war ich das erste Mal froh, dass ich abends allein zu Hause sein würde. Mein Mann war am Vortag mit meinem Sohn zu seinen Eltern nach Westfalen gefahren. Ein Klassentreffen. Ich wusste, nach diesem Tag würde ich weinen.

Dornswalde bei Baruth im Februar 1995. Ein eisiger Wintertag, die Sonne schien vom stahlblauen Himmel. Die Luft war knackig kalt. Ich sehe das vor mir, als sei es heute. Es lag Schnee.

Ich saß schon in aller Frühe in der Redaktion an meinem Schreibtisch, als die Polizei anrief. Wenn ich daheim allein bin, stehe ich immer sehr zeitig auf und fahre runter zum Alexanderplatz. Eine Schülerin aus dem Raum Baruth war am Tag zuvor, dem 15. Februar, vergewaltigt und getötet worden. Eigentlich meldet die Polizei diese extremen Verbrechen ungern zeitnah. Warum sie es in diesem Fall trotzdem taten, kann ich nicht genau sagen. Die Polizei wollte wohl schnelle Hilfe, Zeitungen sollten berichten – und zwar möglichst groß. Dafür nahm sie sogar in Kauf, dass alle Zeitungen, überhaupt alle Berliner Medien, das ruhige und abgelegene Örtchen bevölkern würden. Ich glaube, für Polizisten ist das tatsächlich immer so etwas wie der Pakt mit dem Teufel. Medien – ein in ihrer Sicht großes, aber leider notwendiges Übel.

Ich bestellte mir in unserer Fotoredaktion einen Fotografen und fuhr umgehend mit ihm ins südliche Brandenburg. Eilig, weil die Konkurrenz ja auch auf dem Weg war – oder, was immer blöd ist, schon vor Ort. Ein »Navi« gab es zu der Zeit leider noch nicht. Also verfuhren wir uns erst einmal unglaublich. So schlimm, dass wir es vor lauter Nervosität auch noch schafften, uns beim Wenden vor einem brandenburgischen Acker im Dreck festzufahren. Den

Handyempfang konnte man damals auf dem platten Land vergessen. Wir waren auf uns selbst angewiesen. Momente, in denen ich früher recht panisch reagierte: Das Herz schlug mir bis zum Hals, ich schwitzte. Ja, ich hatte noch immer Angst, dass andere Zeitungen die besseren Bilder, die besseren Gesprächspartner, die besseren Informationen abgreifen würden. Der Druck, unter dem man täglich steht, ist heftig. Ständig mit dem Gedanken im Nacken: Die feuern mich. Dann ist alles aus. Wie soll ich mein Kind ernähren? Ich drohte schon immer, unter der Last zu zerbrechen. Dass es um unglaubliches Leid geht, über das ich berichten würde, blendete ich – wie alle meine Kollegen – in diesen Momenten aus.

Gut eine Stunde brauchten der Fotograf und ich, um den Karren wortwörtlich aus dem Dreck zu ziehen. Mit einer Decke unter dem Reifen und ordentlich Muskelkraft. Als wir endlich in die richtige Richtung rollten, war es schon bald Mittag. Ich sah unsere Felle davonschwimmen.

Jane war erst zehn Jahre alt, als sie grausam von einem Unbekannten aus dem Leben gerissen wurde. Sie wohnte mit ihrer Familie in einer Ortschaft außerhalb von Baruth. In Dornswalde. Keiner der Kollegen von der Konkurrenz war noch vor Ort, als auch wir endlich eintrudelten. In diesem Fall war das jedoch ein Vorteil für uns, aber das wusste ich in dem Moment natürlich nicht.

Wir fuhren mit dem Wagen durch die Ortschaft. Zuerst bis zu einem Waldstück. Dort standen noch Polizisten und suchten die nahe Umgebung nach Spuren ab. Auch eine Beamtin der Mordkommission in Potsdam war dort, die ich schon seit geraumer Zeit kannte und sehr mochte. Ich löcherte sie mit Fragen. Wo das Kind gefunden wurde. Nach der Kleidung – denn manche Täter nehmen Andenken an ihre Opfer mit. Wie das Mädchen starb. Ob der Fundort auch der Tatort sei. Wie viel Zeit zwischen dem Tod und dem Auffinden vergangen war.

Sie antwortete mir, wo sie konnte, und zeigte mir anschließend den Fundort – abgesperrt mit weiß-rotem Flatterband. Wir durften dort Fotos machen. Das ist jedoch keine Bevorzugung, es gehört zu unserem Job und wird von der Polizei so akzeptiert. Zweck ist es, mögliche Zeugen beim Blick in die Zeitung zu schockieren und so zu einer Aussage zu bewegen. Auf jeden Fall habe ich das immer gerne so erklärt. Tatsächlich jagte jeder der Hoffnung nach, ein Foto, ein Detail mehr als die anderen zu haben. Denn am nächsten Tag wird in der Redaktion verglichen und im schlimmsten Fall gefragt: »Warum haben wir das nicht!?«

*

Zurück nach Baruth. Nachdem wir uns von der Polizistin verabschiedet hatten, fuhren wir den Weg ab, den Jane genommen haben sollte. Später gingen wir zur Schule. Mitschüler und Lehrer standen völlig verstört herum. Es war herzzerreißend. Anschließend fuhren wir zurück in die Dorfstraße. Ich hatte zuvor erfragt, in welchem Haus die Familie lebte. Jetzt stand ich da und zögerte, bevor ich auf die Klingel des grauen Einfamilienhauses drückte. Ich schluckte meine Aufregung hinunter. Eigentlich wäre ich lieber wieder gegangen.

Die Tür sprang sofort auf, als habe die Frau dahinter schon auf uns gewartet. Ich stellte mich vor: Vorname, Name, Zeitung. Klar und deutlich. Niemand soll in seiner Trauer denken, ich sei vielleicht von der Polizei. Das handhabt nicht jeder so. Ich sprach ihr mein Beileid aus. Ob es von Herzen kommt, hängt von meinem Gegenüber ab. Bei Janes Mutter war es so. Ich streckte gleich meine Hand aus. Körperkontakt schafft auch Vertrauen.

Janes Mutter nahm die von mir dargebotene Hand sofort. Sie sah so fertig aus. Die Augen verquollen, ganz grau im Gesicht. Ich möchte so etwas nie durchmachen müssen, kam mir gleich in den Sinn. Gott bewahre. Ja, ich bete oft.

Janes Mutter führte uns wie selbstverständlich in das Zimmer ihrer kleinen Tochter. Ich war erleichtert, dass alles so glatt lief. Aber in die Privatsphäre einer Familie einzudringen, war schon damals für mich eine Überwindung. Der Raum war ganz dunkel, nicht hell und bunt, wie ich mir ein Kinder- und gerade ein Mädchenzimmer vorstelle. Janes Zimmer war in Brauntönen gehalten. Auf dem Bett lag eine braun-beige gemusterte Veloursdecke. Daran und an die Pferdebilder kann ich mich erinnern. Dabei bin ich mir nicht sicher, ob die überhaupt an der Wand hingen oder ob sie Motive auf der Decke waren.

»Setzen Sie sich ruhig auf das Bett«, bat mich Janes Mutter freundlich. Ich habe es getan. Obwohl sofort der Gedanke in mir hochkochte, dass es 24 Stunden zuvor noch warm von Janes Körper gewesen sein musste. Jetzt war es kalt – und Jane war tot. Ich strich mit meiner Hand darüber, damit mir bewusst wurde, dass das hier Realität war. Ich wollte den Schmerz der Familie in mich aufnehmen, eine Ahnung von dem haben, was sie durchmachte. Mich trieb es aus der eingeübten Routine plötzlich heraus.

Ganz ruhig und fast sachlich beschrieb mir Janes Mutter von sich aus den vorangegangenen Tag, so wie sie es zuvor bei der Polizei und einigen anderen Medien schon getan hatte.

Nach dem Frühstück, um 6.45 Uhr, machte sich ihre süße blonde Tochter mit ihrem Bruder Dani (13) auf den Weg.

»Sie hat mich umarmt und geküsst. Ich band meinem Schatz ein lilafarbenes Halstuch um, damit sie sich nicht erkältet.«

Jane musste zur zehn Kilometer entfernten Schule nach Klein Ziescht bei Baruth, dort ging sie in die vierte Klasse. Sie war mit dem Rad unterwegs. Zum ersten Mal. Eine große Ausnahme. Jane hätte später noch einen Termin beim Zahnarzt gehabt, nur deshalb durfte sie ihr pink-schwarzes Rad nehmen. Sie hatte es gerade zu Weihnachten bekommen. Jane radelte über die Dorfstraße in Richtung Wald. Sie und ihr Bruder wollten noch Freunde abholen. Die Geschwister trennten sich daher kurz darauf. Jane verschwand in Richtung Radeland. Wenn ich mich recht erinnere, musste sie dorthin einen alten Plattenweg zwischen Wald und Feldern nehmen.

Jane war jedoch an diesem Morgen ganz schön spät dran. Ihr Freund war schon weg. Nun war sie allein, das letzte Kind auf dem Schulweg. Ihr Mörder lauerte schon, wie die Polizei später herausfand.

Am frühen Nachmittag ging die Vermisstenmeldung ein. Janes Oma hatte in der zuständigen Wache angerufen, während Mutter Roswitha seit 14.30 Uhr aufgeregt mit dem Wagen alle Wege abfuhr. Ihr Sohn Dani, Janes Bruder, hatte sich gleichzeitig mit seinem Freund Sven auf die Suche gemacht. Beide waren auf Svens Moped unterwegs. Damit konnten sie auch alle möglichen Abkürzungen über die Landwirtschaftswege kontrollieren – und sie konnten tief in den Wald hineinfahren. Niemand von der Familie dachte zu der Zeit an ein Verbrechen. Doch nicht bei ihnen in Dornswalde. Alle waren sich sicher, dass Jane einen Unfall hatte. Ein Sexualverbrechen schien so fern in dieser heilen Welt.

Tränen rollten der Mutter über das trotzdem eher ausdruckslose Gesicht, während sie ihre Gefühle bei der Suche schilderte. Die immer größer werdende Panik. Und ich? Eigentlich hätte ich sie gerne in den Arm genommen und getröstet. Stattdessen hörte ich zu und notierte mir jedes Wort. Die Zettel habe ich heute noch. Wenn ich daran rieche, rieche ich Jane in ihrem Kinderzimmer.

Dani war es, der die Schwester in einem Waldabschnitt zwischen Radeland und Klein Ziescht fand. In einem Gebüsch wenige Meter vom eigentlichen Weg entfernt. Ich habe mir immer versucht vorzustellen, welche entsetzlichen Bilder sich damals in seinen Kopf eingebrannt haben müssen. Wahrscheinlich, um mich selbst zu quälen. Die kleine Schwester zu sehen, nackt und tot im Unterholz. Völlig aufgelöst, in Panik holte er seine Mutter.

»Überall Blut. Irgendwas war um ihren Hals gewickelt«, sagte sie mir.

Es ist ganz furchtbar, aber das ist die letzte Erinnerung an ihre Tochter, die sich in ihren Kopf einbrannte.

Der Täter hatte das Mädchen am Morgen vom Rad gezerrt, vergewaltigt und mit mehreren Stichen in den Oberkörper getötet. Die Klinge der Mordwaffe hatte, wie bei der Obduktion festgestellt wurde, eine Länge von mindestens 16 Zentimetern. Dazu gab die Staatsanwaltschaft am 16. Februar 1995 folgende Presse-Erklärung mit der Überschrift »10jähriges Mädchen wurde Opfer eines Sexualverbrechens« heraus:

»Entsprechend dem vorläufigen Ergebnis der am heutigen Tage durchgeführten rechtsmedizinischen Untersuchung der 10jährigen Jane ist diese an den Messerstichverletzungen im Brustbereich verstorben. Darüber hinaus weisen die am Körper des Kindes festgestellten Spuren auf ein äußerst brutales Sexverbrechen hin. Die Bekleidung, der Schulranzen sowie das Fahrrad wurden in der Nähe des toten Mädchens aufgefunden.«

So der Wortlaut der offiziellen Pressemitteilung.

Der Täter hatte die tote Jane nach der Vergewaltigung wie Müll in dem Gebüsch entsorgt und war weggefahren. Vermutlich mit einem dunkelroten Golf II mit der Nummer LUK-C 561. Ein Zeuge hatte sie sich notiert, weil er das durch schwarze Streifen auffällige Auto mehrfach und zu verschiedenen Zeitpunkten gesehen hatte. Ungewöhnlich für einen abgelegenen Ort wie Dornswalde. Die hoffnungsvolle Spur entpuppte sich allerdings als Sackgasse. Das Luckenwalder Nummernschild war in der Nacht vom 14. zum 15. Februar in Petkus von einem geparkten Auto abgeschraubt und gestohlen worden. Das lässt natürlich darauf schließen, dass der Sexualmord an Jane geplant war. Hatte der Mörder das Kind bereits ausgespäht? War er vielleicht sogar ein Bekannter? Den Fahrer am Steuer des Golfs hatte der Zeuge leider nicht erkennen können. Denn der Mann hatte die Blende an der Frontscheibe des Wagens runtergeklappt. Selbst die Unvorsichtigkeit des Sexualtäters, mehrfach durch den Ort zu fahren, brachte die Polizei nicht weiter.

»Die«, ich zitiere die Presseerklärung, »großen Mengen Sperma an Opfer und Tatort waren mit Exkrementen verunreinigt.«

So etwas verursacht bei mir Würgereiz. Ich habe diesen Ekel nie verdrängen können.

Ich saß an diesem Tag noch lange bei Janes Mutter und konnte selbst kaum reden, weil es unaufhörlich in meinem Kopf hämmerte: Das könntest sehr wohl auch du sein. Jede Mutter, jedes Kind kann dieses Schicksal jederzeit treffen. Davor schützen kann man seine Kinder nicht. Auch ich kann das nicht. Wie ich mich von ihr verabschiedete, keine Ahnung – nur das Gefühl eigener Traurigkeit blieb. Auf jeden Fall hatte ich mich so weit noch auf kaum einen fremden Menschen eingelassen. Beruflich, meine ich.

Auf der Dorfstraße wimmelte es zu dieser Zeit immer noch von Polizisten, die alle Einwohner befragten. Unter den Beamten war auch die nette Ermittlerin, die ich schon kannte. Sie war damals so zuversichtlich, den Täter zu finden. Ich teilte diese Zuversicht.

Ich erinnere mich noch an einen beliebten Spruch aus der Zeit, als erst wenige Zeitungen so arbeiteten wie wir: »Aus der Zeitung fließt das Blut, aber trotzdem ... ist gut!«

Gut und groß, das kann für die Fahndung tatsächlich wichtig werden. Auch wenn natürlich, wie gesagt, niemand eine Zeitung aus bloßer Menschenliebe macht. In einer verständlichen, aber allzu pauschalen Entrüstung über die Berichterstattung wird der hilfreiche Aspekt oft übersehen: Eine Mörderjagd ist immer eine Sensation – und nur, wenn das Verbrechen dem Leser gleich ins Auge springt, gibt es viele Zeugen. Wer registriert schon den schwarz-weißen Steckbrief der Polizei an einer Hauswand oder einer Laterne? Oder die kleine Meldung ganz unten am Rand der Zeitungsseite? Versteckt, ganz am Schluss des Lokalteils.

Das Radio und alle TV-Sender berichteten. Die Bilder liefen im Fernsehen. Jane war am nächsten Tag und auch an den darauffolgenden Tagen bei uns die Schlagzeile. Seite 1. Wie erhofft, meldeten sich Zeugen bei der Polizei. Es gab sogar eine Festnahme: einen damals 32-jährigen Autoschlosser aus Zossen. Einen polizeibekannten Kinderschänder. Er hatte bereits 1987 eine Sechsjährige und 1988 eine Zwölfjährige vergewaltigt. Und: Er fuhr einen roten Golf. Sein Alibi für den Tag der Tat war allerdings wasserdicht, einfach durch nichts zu erschüttern. An die 100 Golf-Fahrer hat die Polizei in den ersten Tagen nach dem Mord an Jane überprüft. Eine Sonderkommission wurde gebildet.

Um immer etwas Neues berichten zu können, um der Geschichte einen neuen Dreh zu geben, sie für den Leser weiterhin interessant zu machen, lassen sich Redakteure und Zeitungsmacher so einiges einfallen. In der Not wird oft zu diesem Kniff gegriffen: »Lasst uns doch mal mit einem Psychologen darüber sprechen!« Der soll dann sagen, was in dem Täter vorgeht, warum er getötet hat. Zu Jane sprach ich mit einem Berliner Psychologen. Er charakterisierte den unbekannten Kindermörder wie folgt:

»Ein typischer Serienmörder. Der Täter hat entweder das Kind gekannt und wusste genau, wann es zur Schule fährt. Oder er ist unter psychischem Druck durch die Gegend gefahren. Der Mann leidet unter einer schweren Sex- und Persönlichkeitsstörung, resultierend aus einem traumatischen Erlebnis. Da gibt es mehrere denkbare Szenarien: Er wurde von einer Nutte ausgelacht, hat deshalb eine Potenzstörung. Er wurde von seiner Freundin verlassen. Seine Ehefrau ist ein keifendes, zänkisches Weib, eine Xanthippe. Er wurde von seiner Mutter gehasst oder mit übermäßiger Liebe erdrückt. Er handelt immer dann, wenn er einen Triebstau hat oder neu enttäuscht wurde. Sein Hass, seine ganze aufgestaute Wut verschiebt sich auf Wehrlose. Er handelt unter Zwang und wird es immer wieder tun. Dabei wird er immer mehr Hemmungen über Bord werfen, Spuren hinterlassen. Er will gefunden und bestraft werden. Das Seil oder der Schal um den Hals des Opfers lässt auf einen latent Homosexuellen oder einen Fetischisten schließen.«

Wie in einem Psycho-Kramladen, da ist doch für jeden etwas dabei. Eine Charakterisierung, wie sie pauschaler kaum sein könnte. Aber was soll ein Psychologe, den ein Redakteur am Telefon befragt, auch sagen – am besten nichts? Eigentlich kann er wirklich nichts sagen. Er kennt keinen der Beteiligten, arbeitet mit den Auskünften, die er vom Redakteur hat. Den kennt er in den meisten Fällen auch nur vom Telefon. Meist bleibt der Eindruck einer Ferndiagnose auf wackeligen Beinen. Ein wirklicher Profiler dagegen hat die kompletten Ermittlungsergebnisse vorliegen, einschließlich der Fotos vom Tatort und der Obduktionsbefunde – daraus lässt sich etwas machen. Ich schätze die Psychologen, die mir am Telefon gleich vorab sagen, dass sie nichts zu dem jeweiligen Täter sagen können, sondern nur eine pauschale Einschätzung unter Vorbehalt geben. Den »Jane-Experten« habe ich nur noch ein einziges Mal befragt, das war mir dann einfach zu blöd. Ihn und auch andere konnte man so manipulieren, dass sie einem grundsätzlich das sagten, was zu meinem jeweiligen Text passte – mundgerecht für die zuvor kalt ausgedachte Schlagzeile. Was nicht passt, wird zur Not passend gemacht – selbst wenn es dem Redakteur gegen den Strich geht. Da nützt auch kein Zetern: Entweder man spielt mit oder man muss sich bald andere Spielkameraden suchen. Ich habe lange an meinen alten Spielkameraden gehangen.

Eine Woche nach dem Mord wurde Jane in Dornswalde beerdigt. Auch ein Medienspektakel. Wenn der Stein einmal rollt, ist er nicht mehr zu stoppen. Es ist, wie es ist. Angetrieben auch von unserer eigenen Neugier, beißen wir uns fest. Der winzige Friedhof des Ortes platzte aus allen Nähten. Eltern, Familie, Mitschüler und nahezu alle Einwohner des Ortes waren dabei. Trotzdem war es ein schlichtes Begräbnis, bei dem der Trauerredner einfühlende Worte fand. Kameras klickten, als der helle blumengeschmückte Sarg im Grab versank. Sie fingen jede Regung in den Gesichtern der Trauernden ein. Das ist immer so unwirklich, wie in einem schlechten Film.

Auch ich kondolierte der Mutter von Jane, drückte einen Moment ihre Hand. Ich glaube, sie hat mich nicht erkannt. In mir weckte die Beerdigung trübe Erinnerungen an die Begräbnisse einiger Mitschüler damals auf der Realschule. Ich konnte und wollte nicht, aber meine Mutter zwang mich, zu den Beisetzungen zu gehen. Hoffnung, dass dieser Sexualtäter geschnappt wird, hatte damals noch jeder.

*

So verging ein Jahr, bis ich wieder nach Dornswalde fuhr und an der Tür von Janes Eltern klingelte. Ihre Mutter Roswitha (41) war in den zurückliegenden Monaten um Jahre gealtert. Diesmal setzte sie sich auf die Kinderliege mit der braunen Decke. Der Raum wirkte wie konserviert – nur waren es mehr Bilder an den Wänden geworden. Da hingen viele Urlaubsfotos von der fröhlichen Jane. Letzte Erinnerungen. Für die Mutter war das Zimmer wie ein Schrein oder Wallfahrtsort, den sie jeden Tag aufsuchte. Nur in diesem Zimmer fühle sie sich ihrem toten Kind nahe, sagte sie mir. Auf dem Schreibtisch stand sogar noch Janes bunte Schultasche, die ihr Mörder ihr runtergerissen hatte.

»Dieser Mann hat unsere Familie zerstört«, sagte Roswitha verbittert zu mir. »Jede Nacht träume ich, dass meine Kleine lebt. Und wenn ich dann aufwache …« Ihre Stimme erstickte in Tränen. »Erst wenn der Täter gefasst wird, werden wir unsere Ruhe finden.«

Roswitha ahnte wohl, dass das vielleicht nie geschehen würde. Sie sackte in sich zusammen, stand dann aber irgendwann auf und ging zum Fenster ihres kleinen Hauses gegenüber vom Friedhof, auf dem ihre ermordete Tochter liegt. Es war das letzte Mal, dass ich in Dornswalde war.

Die 15 Kriminalisten der Potsdamer Mordkommission waren längst am Verzweifeln. Sie tappten im Dunkeln. Sie hatten in der Zeit über 250 Hinweise abgearbeitet und gar nichts herausgefunden. Jeder Vergewaltigungsfall der letzten Jahre in Deutschland wurde auf Übereinstimmungen geprüft. Nichts. Eine vielversprechende Spur führte damals nach Siegen in Nordrhein-Westfalen. Dort hatte ein Sexualverbrecher am 2. Februar 1996 eine Sechsjährige vergewaltigt und erstickt. Er soll wie Janes Mörder mit einem roten Golf unterwegs gewesen sein. Nichts.

Februar 2005 – zehn Jahre waren zwischenzeitlich seit Janes Gewalttod vergangen. 1.600 Autos der Marke Golf aus der unmittelbaren Umgebung waren überprüft worden – ohne ein Ergebnis. Die Ermittler sind sich nicht mehr sicher, ob ein roter Golf überhaupt eine Rolle im Mord an Jane spielt. Sie halten es nicht für ausgeschlossen, dass sich der Zeuge, der den Wagen aus 30 Metern Entfernung gesehen hatte, in der Marke geirrt haben könnte. Dreimal wollte er den Wagen gesehen haben. Aber wäre das nicht ein sehr seltsames Verhalten für einen Mörder, nach der Tat mit dem Fahrzeug immer wieder durch den Ort zu fahren? Oder gierte er etwa danach, sein Werk nach vollendeter »Arbeit« zu betrachten?

Es gibt, rein theoretisch, noch eine andere Möglichkeit: Der Zeuge selbst ist der Täter. Er hat die Nummernschilder in Petkus geklaut, dann weggeworfen und sich seine Zeugenaussage von einem Mann in einem roten Golf nur ausgedacht. Um die Polizei von sich selbst abzulenken und eine falsche Fährte zu legen.

Die letzte Hoffnung der Ermittler konzentrierte sich auf das verunreinigte Sperma des Mörders. Im Jahr 2005 gab es natürlich bessere Möglichkeiten als 1995, diese Spuren vielleicht isolieren zu können. Die Polizei schloss letztlich eine spontane Tat aus und vermutete, dass der Täter aus dem nahen Umfeld des Opfers kommt. Janes Eltern, Familienangehörige, Freunde und Nachbarn. Insgesamt hatten zwischenzeitlich 50 Personen einem Speicheltest zugestimmt, um ihren genetischen Fingerabdruck mit dem des Mörders zu vergleichen. Nichts.

Zwei Wochen darauf, Ende März 2005, titelten ein Nachrichtenmagazin und eine Zeitung: »Er hat es getan!« Jane aus Dornswalde ermordet. Marc H., Mörder der achtjährigen Levke und des gleichaltrigen Felix (die Taten ereigneten sich in Cuxhaven und dem sauerländischen Attendorn), habe einem Mitgefangenen gestanden, ein Mädchen in Brandenburg getötet zu haben. Doch das erwies sich als blanker Unsinn.

Jane ist tot, ihr Mörder noch frei, vielleicht tötet er noch immer. Jane wäre jetzt 29 Jahre alt.

*

Menschen sterben. Bei Unfällen, an Krankheiten. Oder schlicht, wenn ihre Uhr im Alter abgelaufen ist. Aber Mord zur Befriedigung der Lust, aus Habgier oder Hass ist etwas anderes. Wir alle denken, dass es immer »die anderen« trifft. Auch die Menschen, bei denen ich in den Jahren auf dem Sofa saß, waren bis dahin davon überzeugt. Nun gehörten sie auch zu »den anderen«. Es kann jeden zu jeder Zeit treffen und niemand kann es verhindern. Wir können nur die Risiken minimieren. Das wurde mir vor 18 Jahren da unten in Dornswalde bewusst. Mit Macht hat sich das Gefühl einer ständigen Bedrohung in mir festgesetzt. Mein Sohn war damals vier Jahre alt. Und ich erschuf einen ganz persönlichen Überwachungsstaat für ihn. Ich hatte, wenn ich genau darüber nachdenke, sogar schon früher damit begonnen.

Er durfte nicht einmal ohne meine Begleitung mit Freunden und ihren Eltern zum Schwimmen oder ins Kino gehen. Einen Babysitter habe ich nur ein einziges Mal engagiert: Ich war wahnsinnig vor Angst, meinem Sohn könnte etwas passieren. Das Blöde ist, dass ihm bei all meiner Besorgtheit einige Jahre zuvor trotzdem etwas Böses widerfuhr. Ausgerechnet bei seiner Kinderfrau, die ihn halbtags dreimal pro Woche betreute, während ich in der Redaktion saß. Als ich ihn an einem Nachmittag abholte, traf mich der Schlag. Eine Hälfte seines Gesichts war blau-rot. Er wirkte völlig verstört und weinte. Ich war kurz vorm Ausflippen und konnte mich nur mit äußerster Mühe zusammenreißen. Die Kinderfrau entschuldigte sich sofort bei mir. Sie sei nur kurz zum Einkaufen gegangen und habe die vier Kinder der Gruppe in der Obhut ihrer

14-jährigen Tochter gelassen. Als diese einen Moment nicht auf die Kleinen achtete, sei Max von einem drei Monate jüngeren Mädchen ins Gesicht geschlagen worden. Eine Version, die auch mein Arzt bezweifelte. Er riet zur Anzeige. Ich aber ging nicht zur Polizei. Ich war mir eigentlich sicher, dass ihre Tochter zugeschlagen hat. Und zog daraus meine Konsequenzen, indem ich unbezahlten Urlaub nahm und mit meinem Baby nach Ibiza flog. Zur Ablenkung und zum Nachdenken. Dort lernte ich einen netten Papa aus Friedrichshain kennen, durch den ich für mein siebenmonatiges Kind einen Platz in einer wunderbaren Ost-Kita bekam. Da ist ihm nie etwas geschehen.

Alleine von der Schule heimfahren durfte er erst mit elf Jahren. Und selbst das nur in Ausnahmefällen. Meine Freundin und ich hatten einen Mütter-Bring-und Holdienst für unsere Kinder perfekt organisiert. Die Jungs fanden es scheiße, verständlich. Und mein ständiges »Was alles passieren kann« war bestimmt unerträglich. Jetzt sind beide erwachsen, wohlgeraten und verständnisvoll. Trotzdem bleibt meine Angst. Sie hat sich mit den Taten, über die ich schreibe, peu à peu gesteigert. Leise, aber beständig.

10
Marcel H.

Seit Sonntag (21. September 1997) wird Marcel aus der Gaudystraße vermisst. Der zehnjährige Junge hatte gegen 16.45 Uhr die elterliche Wohnung verlassen, wollte spielen gehen. Seitdem fehlt jede Spur. Marcel ist 1,30 Meter groß und schlank. Er hat blaue Augen und kurze blonde Haare. Bekleidet war er mit blauer Hose, grüner Stoffjacke und schwarz-weißen Sportschuhen.«

Die erste Vermisstenmeldung schickte die Polizei erst drei Tage, nachdem der Junge weg war. Drei Tage, 72 Stunden, sind eine Menge Zeit, um einen Menschen verschwinden zu lassen. Außer einer Kurzmeldung, der Pressemitteilung der Polizei, erschien nichts in den Blättern.

»Im Fall des seit dem 21. September vermissten Marcel (10) schließt die Polizei ein Verbrechen nicht mehr aus. Grund sind die bisherigen Ermittlungsergebnisse. Der Junge hatte das Haus seiner Eltern (sprich seiner Mutter) in der Gaudystraße gegen 16.45 Uhr verlassen, wollte zum Fest anlässlich des Weltkindertages auf den Alex.«

Diese zweite Polizeimeldung kam am 13. Oktober. Es waren mittlerweile 22 Tage (528 Stunden) vergangen, bis die Ermittler überzeugt waren, dass Marcel ermordet worden war. Die Beamten der 3. Berliner Mordkommission sahen plötzlich Zusammenhänge zu einem älteren Kindermord: Daniel B. (8), den ein bis dahin noch nicht gefasster und unbekannter Mann am zweiten Weihnachtstag 1994 am Kollwitzplatz in Prenzlauer Berg in sein Auto lockte – keine 100 Meter von meiner damaligen Wohnung entfernt. Dazu aber später.

Inzwischen suchten 200 Polizisten nach Marcel. Immer wieder gingen die Beamten den Weg des vermissten Kindes zum Alex ab, suchten auf den Spielplätzen der Umgebung, in den Kellern der Häuser an der Gaudystraße. Marcels Familie, seine Freunde, Mitschüler und Bekannte wurden überprüft. In Brieselang (Brandenburg) gingen die Ermittler sogar zu jener Müllkippe, an der ein Autofahrer am 28. Dezember 1994 den erwürgten Daniel vom Kollwitzplatz im Straßengraben gefunden hatte. Aber auch dort gab es keine Spur von Marcel.

Es vergingen wieder zwei Tage, bis die ersten großen Berichte über den vermissten Marcel und die eigens gebildete SOKO in den Medien erschienen. Wieso ließen sich alle so viel Zeit? Die Erklärung ist bitter: Die Tatsache, dass Marcel aus einem sozial schwachen Elternhaus kommt, ist Grund für die Vermutung von Behörden und Medien, dass die Kinder eher weglaufen, als dass sie verschleppt werden.

Ich wurde erstmals am 14. Oktober 1997 zur elterlichen Wohnung des Jungen in die Gaudystraße geschickt. Ein grauer, völlig heruntergekommener Altbau. Es roch nach Moder, sobald man in den Hausflur trat. Dreck, beschmierte Wände. Erdgeschoss links. Seine Mutter war da, die mir unerklärlich teilnahmslos erschien. Eine kleine verhärmte Frau mit einer Kippe in der Hand. Mir kam es vor, als ob sie sich über unseren Besuch regelrecht ärgerte. Die Tapeten waren gelb von Nikotin, auch die verschlissenen Gardinen. Es ist schlimm, das zu sagen, aber ich bemühte mich, durch den Mund zu atmen. Es herrschte ein unerträglicher Geruch in dieser Wohnung. Die Mutter mochte mich nicht, ich sie auch nicht – zumal sie wirklich nicht in mein Mutterbild passte. Aber was heißt das schon, vielleicht war sie trotzdem ihrem Kind eine gute Mutter. Es waren nur meine eigenen Vorurteile. Ich hockte mich auf ein durchhängendes Sofa, redete und bekam keinen zusammenhängenden Satz aus ihr heraus:

»Ich weiß auch nicht, wo er sein könnte.«

Viel mehr kam da nicht. Ich hatte den Eindruck, dass sie mich schnellstens loswerden wollte oder vielleicht sogar angetrunken war. Damit kann ich nicht besonders gut umgehen, zumal ich der Meinung bin, dass eine Mutter alles tun und aushalten muss, um ihr Kind zu retten oder wenigstens zu finden. Und natürlich wollte ich, wie immer, nicht ohne Geschichte in die Redaktion zurückkommen.

Zum Glück waren auch Marcels Schwestern Sabine (17) und Yvonne (22) da, sonst hätte ich unverrichteter Dinge gehen müssen. Nette Mädchen, in großer Sorge. Seit dem Verschwinden ihres Bruders hatten sie kaum die Wohnung verlassen, lauerten auf eine Nachricht oder besser ein Lebenszeichen von Marcel.

»Auf dem Fest wurde er auch noch gesehen und zwei Tage später am U-Bahnhof Schillingstraße«, sagte Yvonne.

Marcel soll da in Begleitung eines gepflegten Mannes mit dicker Goldkette und Siegelring gewesen sein. Ein Hinweis, der leider ins Leere führte. Wie alle anderen Hinweise auch. Es schien, als habe sich ein Kind in Luft aufgelöst. Dafür gab es keine Erklärung. Irgendwem musste der Junge doch aufgefallen sein.

Deshalb entschloss sich die SOKO »Marcel« zu einer ungewöhnlichen und meines Wissens nach einzigartigen Aktion. Der damalige und auch noch heutige Chef der 3. Mordkommission, Klaus R., sagte:

»Wir bitten jetzt alle Besucher der Veranstaltung auf dem Alex, uns ihre Videoaufnahmen und Fotos zu überlassen. Vielleicht wurde Marcel ja zufällig mit seiner letzten Begleitung abgelichtet.«

Filme und Fotos konnten bei jeder Polizeidienststelle unter dem Kennwort »3. Mordkommission« abgegeben werden.

Am 16. Oktober schrieb ich:

»Sein Schicksal erschüttert die Berliner! Viele wollen helfen, den am Weltkindertag verschwundenen Marcel (10) aus Prenzlauer Berg zu finden.«

Viele waren dem Aufruf der Polizei gefolgt. Ein Ansturm, den so niemand erwartet hätte. Marcels Mutter taute mir gegenüber auch langsam auf. Und ich vergaß meine anfänglich schroffe Meinung. Sie war bestimmt kein schlechter Mensch. Auf die Bilder und Videos setzte sie all ihre Hoffnungen.

»Vielleicht ist er darauf ja doch zu sehen, vielleicht sogar mit seiner Begleitung«, sagte Christa H. (42) verzweifelt.

Eine Hoffnung, die kaum noch einer teilte: Zu gering war die Chance, Marcel noch lebend zu finden. Die Polizei wusste nicht, wo sie noch suchen sollte:

»Wenn wir jetzt die Fotos durchsehen, ist es wie die Suche nach der Stecknadel im Heuhaufen.«

Nach wie vor gingen die Ermittler davon aus, dass es der noch unbekannte Mörder von Daniel war, der jetzt auch Marcel umgebracht haben könnte.

»Solche Täter töten aus purem Lustgewinn«, argumentierten die Fahnder. Und: »Wenn er es tatsächlich war, wird er sich diesmal mehr Mühe als bei Daniel gegeben haben, die Leiche verschwinden zu lassen. Wahrscheinlich werden wir warten müssen, bis Marcel irgendwo gefunden wird.«

Der Fall des Jungen machte die Beteiligten offenbar zunehmend hilflos: Abwarten und Tee trinken, Kommissar Zufall …

Aber ganz so war es nicht, wie sich bald herausstellte. Die Polizei wollte sich womöglich nur eine Weile nicht in die Karten blicken lassen. Tatsächlich überprüfte sie alle registrierten Kinderschänder. Am Dienstag, den 4. November 1997 glaubte die SOKO »Marcel« an den großen Durchbruch: Ein Pädophiler wurde festgenommen, ein 37-jähriger Mann aus dem Scheunenviertel in Berlin-Mitte. Der arbeitslose Elektriker soll schon 1993 einen damals 13-jährigen Jungen unsittlich angefasst haben. Gegen ihn wurde aktuell in anderen Fällen wegen Kindesmissbrauchs ermittelt. Nach der Festnahme filzten Polizisten seine Wohnung und nahmen mehrere Kisten voll Beweismaterial mit. Darunter selbst geknipste Sexbilder von verschiedenen unbekannten Jungen. Die Durchsuchung zog sich über mehrere Tage. Laut Nachbarn gingen bei dem Mann ständig Jungen ein und aus. Den Kindern, die zu ihm kamen, soll er liebevoll einen bestimmten Kosenamen verpasst haben – immer denselben, den ich hier aber nicht nennen darf, um diesen Mann nicht zu identifizieren. Zwei Wochen später soll der verhaftete Handwerker in einer Vernehmung eingeräumt haben, Marcel zu kennen. Ob der Junge aber je in seiner Wohnung gewesen war, konnte nicht bewiesen werden.

Während der Mann beharrlich schwieg oder seine Vernehmer narrte, stellte die Polizei die Bezirke Mitte und Prenzlauer Berg auf den Kopf. Mehr als 1.000 Häuser, 15 Seen und fast zehn Quadratkilometer Waldgebiet wurden abgesucht. Hunderte Beamte waren im Einsatz. Gefunden haben sie nichts. Gut 60 Mal wurde der Verdächtige vernommen. Und obwohl die Gespräche teils bis zu zehn Stunden dauerten, wurde der Elektriker nicht mürbe. Mehr noch: Er stellte sogar Theorien auf, was Marcel alles passiert sein könnte. Dann kamen wieder vage Andeutungen, wo der tote Schüler liegen könnte. Jedes Mal setzte sich ein Heer von Polizisten in Bewegung und kehrte ohne eine Spur zurück. Ihnen blieb keine Wahl, das wusste der Inhaftierte genau. Sie mussten davon ausgehen, dass er die Wahrheit sagen könnte. Die Suche nach Marcel hatte bis Mitte Februar mehrere Hunderttausend D-Mark verschlungen. Vielleicht bereitete dies dem Mann in seiner Zelle unglaubliches Vergnügen. Bestimmt verfolgte er die Zeitungsberichte. An das, was die Mutter und ihre Töchter in der Zeit durchgemacht haben, hat er sicher nie gedacht.

Ein Freund des Festgenommenen meldete sich genau in dieser Zeit telefonisch bei mir in der Redaktion. Er wollte mit mir reden, aber nur persönlich an einem Ort seiner Wahl. Eigentlich wimmle ich solche Leute oft schon am Telefon ab. Die meisten stellen sich im Nachhinein als Schwätzer heraus. Bei dem Mann war das etwas anderes. Ich glaubte, eine leise Verzweiflung in seiner Stimme gehört zu haben. Ich verabredete mich mit ihm, fuhr aber nicht alleine. Da hätte ich doch zu viel Angst gehabt. Ich nahm einen gestandenen Fotografen mit. Das würde ich auch immer jüngeren Kolleginnen und Kollegen raten. Es gibt zu viele Verrückte.

Wir trafen uns in einem alten, damals verfallenen Teil des Klinikums Buch. Dort, wo früher die an Tuberkulose erkrankten Patienten untergebracht waren. Die kleinen Gebäude verwitterten langsam, sie wurden zu Ruinen. An diesem unwirklichen Ort habe sich der Verdächtige, so sagte mir sein Freund, mit Jungen zu Sexspielen getroffen. Dort sei auch die Leiche von Marcel verscharrt. Wo genau, wollte er mir erst nach Zahlung einer gewissen Summe sagen. Ich weiß noch, dass es unter 1.000 DM waren. Mir lief es eiskalt den Rücken runter. Ich hatte das Gefühl, dass der Typ mich nicht anlügt. Der Überzeugung bin ich noch heute.

Damals bat ich mir eine Bedenkzeit aus. Schließlich kann ich über sogenannte »Info-Honorare« nicht im Alleingang entscheiden. Ich sprach mit meiner damaligen Chefredaktion darüber – und wurde belächelt, ob meiner Naivität. Es tut weh, aber so etwas passiert dann und wann. Kein Geld, keine Zeugenaussage, keine Leiche. Nicht einmal den Namen des Hinweisgebers kannte ich. Er hatte ja mich angerufen und wollte sich wieder melden. Das tat er auch. Aber als er merkte, dass dabei nichts für ihn raussprang, legte er einfach auf. Ich kam nicht einmal zu dem Versuch, ihn doch noch zu überreden, sich vielleicht auch nur anonym bei der Polizei zu melden. Obwohl ich nichts Greifbares in der Hand hatte, rief ich die zuständigen Ermittler an. Das Gefühl, dass ich ernst genommen werde, hatte ich leider nicht. Ich befürchte, dass meinem Hinweis nie nachgegangen wurde.

Ende Juni des Jahres hatte ich meine Gedanken an Marcel, seine Mutter und Schwestern schon fast verdrängt. Da kam eine Nachricht, die mich zutiefst erschütterte und Marcels Familie in endlose Verzweiflung stürzte: Der Mann, der vielleicht wissen könnte, was am Weltkindertag 1997 auf dem Alexanderplatz passiert war, würde in den nächsten Tagen aus der Untersuchungshaft entlassen werden. Der Haftbefehl gegen den pädophilen Elektriker musste aufgehoben werden – aus Mangel an Beweisen. Obwohl ihn Polizei und Staatsanwaltschaft für den Mörder hielten.

»Ich bin geschockt und verzweifelt. Wird das Schicksal meines Kindes nie geklärt?«, fragte mich die Mutter des Jungen nach der Hiobsbotschaft.

Einen Monat darauf, am 21. Juli 1998, trat er durch die Pforte der Untersuchungshaftanstalt in Berlin-Moabit. Als freier Mann. Während der U-Haft war gegen ihn wegen 100-fachen Missbrauchs von kleinen Jungen vor Gericht verhandelt worden. Doch nur 16 Taten hielten die Richter für erwiesen. Er wurde zu 18 Monaten Knast verurteilt – auf Bewährung. Die Richter hielten ihm zugute, dass er einige Übergriffe gestand, auch seine neunmonatige U-Haft spielte bei der milden Urteilsfindung eine Rolle. Mitleid mit seinen Opfern zeigte er nie. Das Einzige, was diesen Menschen schockte, war das gegen ihn verhängte Kontaktverbot zu unter 16 Jahre alten Jungen.

»Ich war doch der Einzige, der für sie da war, wenn ihre Eltern keine Zeit gehabt haben«, hatte er mir kurz darauf erzählt, als ich eines Mittags bei ihm an der Wohnungstür klingelte.

Ja, auch ihm habe ich die Hand gereicht. Nicht ohne Abscheu, aber ich wollte schließlich ein Gespräch mit ihm führen, was mir nicht gelang. Es blieb beim kurzen Dialog zwischen Tür und Angel. Nur noch so viel: Er sah sich als Retter der Kinder. Kein schlechtes Gewissen, keine Scham.

Die Mitglieder der damaligen SOKO »Marcel« warten heute noch darauf, dass Marcels Leiche auftaucht.

In dem ehemaligen Klinikbereich in Buch, also dort, wo der Junge begraben sein sollte, ist inzwischen eine Luxussiedlung entstanden.

Der Täter, der dem Weihnachten 1994 am Kollwitzplatz verschleppten Daniel den Tod brachte, kam hingegen 1998 in Haft. Er sollte sich grausam dafür rächen. Es ist kaum vorstellbar, aber dieser Mann terrorisierte über Jahre die Mutter seines Opfers – aus der Gefängniszelle heraus! Und es kam noch schlimmer. Nach der Entlassung schlug er erneut zu – und das nicht nur einmal. In meinen Augen kann man es getrost als Justizskandal bezeichnen, dass es so weit kommen musste. Der Fall Daniel ist aber auch ein Verbrechen, das mir persönlich schwer aufs Gemüt drückt. Daniel war ein Nachbarsjunge von uns. Er spielte auf dem Spielplatz, den ich jeden Tag mit meinem Sohn besuchte. Ich weiß es nicht genau, aber sicher habe ich Daniel dort vor seinem Tod schon einmal gesehen.

11

Daniel B.

Es war ein Zufallsgeständnis. Das überaus eitle Geplapper eines Berliner Pädophilen gegenüber einem Jungen brachte die Ermittler 1997, also Jahre nach der Tat, auf die Spur der Täter. Es waren zwei Personen. Ein schwules Kinderschänder-Paar. Jens A. aus Neukölln (28) hatte sich in einer schwachen Stunde, er war betrunken, selbst verraten. Gegenüber einem 16-jährigen Straßenjungen plauderte er sein Geheimnis aus: Sein Freund, auch ein ehemaliges Opfer von ihm, habe ein Kind getötet.

Der Straßenjunge ging schnurstracks zum Polizeiabschnitt 54 in der Neuköllner Sonnenallee: »Ich möchte einen Mord anzeigen!« Die Kripo-Ermittler vernahmen Jens A. und den mutmaßlichen Täter – das Paar hatte sich gerade getrennt. Der Jüngere knickte in den ersten Vernehmungen ein, als würde ihm endlich eine Last von den Schultern genommen. Nach und nach packte er aus, legte ein Teilgeständnis ab. Damit wurde allerdings klar, dass sein Geliebter Jens A. nicht das Unschuldslamm war, das er zu sein vorgab. Beide wurden festgenommen und das gesamte Grauen der Entführung, der Vergewaltigung und des Todes von Daniel kam an den Tag.

Der Junge vom Kollwitzplatz war zum falschen Zeitpunkt am falschen Ort – deshalb wurde er Opfer des Schänder-Paares. Da war er wieder, der Zufall, vor dem niemand sich oder seine Kinder schützen kann. Die beiden Schwulen wollten an diesem zweiten Weihnachtsfeiertag 1994 zu einem Freund in Prenzlauer Berg. Das behaupteten sie jedenfalls gegenüber ihren Vernehmern.

»Er war nicht da«, sagte der Jüngere.

Tatsächlich aber war das schon eine Lüge. Sie wollten nicht zugeben, dass sie in Wahrheit losgefahren waren, um sich ein Opfer zu ihrem persönlichen Vergnügen zu holen. Deshalb trieb es sie in ihrem alten Opel durch den Prenzlauer Berg.

Am »Kolle« – so wird der nach Käthe Kollwitz benannte, von wunderschönen Altbauten gesäumte Platz im Kiez genannt – sahen die Männer Daniel. Der hübsche blonde Junge hatte sich daheim mit Mama, Papa und dem Schwesterchen gelangweilt und so lange gequengelt, bis er auf den Spielplatz durfte. Daniel hat nach Freunden geschaut. Weil Weihnachten war – und aufgrund des miesen nasskalten Wetters an diesem Tag –, spielten die anderen Jungs aus dem Kiez jedoch lieber zu Hause mit ihren Geschenken. Also blieb Daniel ganz allein.

»Lass uns den mitnehmen«, soll der damals 17-jährige Geliebte Jens A. vorgeschlagen haben. Die beiden hatten sich acht Monate zuvor kennengelernt. Sie sollen dem Jungen Geld für das Aufräumen eines Lagers versprochen haben.

Eine List, mit der sie Daniel ins Auto lockten. Stattdessen fuhren sie jedoch mit ihm in die Wohnung von Jens A. Dort packte dieser das Kind, vergewaltigte es – im Beisein seines Lovers. Daniel soll vor Jens ins andere Zimmer geflüchtet sein und geschrien haben. Er wollte zu seiner Mama, hörte einfach nicht auf zu rufen. Daniel muss unglaublich geschockt und verzweifelt gewesen sein.

Aus der berechtigten Furcht, ein im Haus wohnender Polizist könnte die Schreie hören, geriet der 17-Jährige in Panik. Es ist zu vermuten, dass ihn der Schänder in seiner Angst bestärkt hat. Schließlich erwürgte der Jugendliche den Jungen. Später im Prozess sagte er aus, dass er das Opfer gemeinsam mit Jens A. zu einer Mülldeponie ins brandenburgische Brieselang gefahren habe. Dort hatte die Polizei die Jungenleiche wenige Tage darauf entdeckt.

Die Vorstellung von Daniels Leid und der Angst ist für mich so furchtbar, dass ich noch heute das Bild des toten Kindes auf dem Obduktionstisch in meinem Kopf habe. Daniel sah so verletzlich aus, sein Haar war nass, die Augen geschlossen und die Lippen bläulich verfärbt. Fast hätte man meinen können, er würde schlafen.

Unerträglich, auch wenn man nicht Daniels Mutter ist. Natürlich habe ich nicht selbst neben dem Obduktionstisch mit seiner Leiche gestanden: Weil der Junge in Berlin als vermisst gemeldet und in Brandenburg gefunden worden war, musste ein Foto des Toten veröffentlicht werden, um Daniel identifizieren zu können.

Gegen den 17-jährigen Täter erging nach der Festnahme ein Mordhaftbefehl, gegen Jens A. nur ein Haftbefehl wegen der Sexualstraftat.

Als Daniels Mutter Kerstin (32) erfuhr, dass das Verbrechen an ihrem Sohn nach drei Jahren endlich geklärt war, war sie nicht erleichtert:

»Ich habe zwar gehofft, dass die Polizei die Mörder meines Kindes findet. Jetzt macht mir die neue Situation jedoch Angst.«

Ihre böse Vorahnung hat sich eine ganze Zeit später bewahrheitet.

Ein Jahr nach der Verhaftung stand das Täterpaar vor Gericht. Jens A. stritt alles vehement ab, behauptete sogar, er sei zur Tat gar nicht in seiner Schöneberger Wohnung gewesen. Er kam damit nicht durch, da sein Exfreund umfassend und überzeugend gestand und ihn glaubhaft mitbelastete. Der Jüngere hatte im Laufe der Ermittlungen zu Daniels Tod von weiteren Taten berichtet, die Jens A. in der Zwischenzeit begangen haben sollte. Gegen den mittlerweile 29-Jährigen lief deshalb auch ein Verfahren wegen sexuellen Missbrauchs von zwei weiteren minderjährigen Jungen.

Von dem Prozess wurde die Öffentlichkeit ausgeschlossen. Weil der Jüngere zur Tatzeit erst 17 Jahre alt war, ist das üblich. Er wurde wegen Mordes und Beihilfe zum sexuellen Missbrauch zu einer Jugendstrafe von neun Jahren und drei Monaten verurteilt. Die Zeit hat er inzwischen schon lange abgesessen. Jens A. bekam für den Missbrauch fünf Jahre und drei Monate Knast aufgebrummt.

Eigentlich hätte die Tragödie für Daniels Mutter an dieser Stelle enden sollen. Aber die Chance, jetzt den Gewalttod ihres ältesten

Kindes endlich zu verarbeiten, nahm ihr der inhaftierte Jens A. – mit einem satanischen Vergnügen.

Im März 2000 rief mich Kerstin (35) in der Redaktion des *Berliner Kuriers* an. Ein Freitag, die Sonne strahlte, aber es war noch ziemlich kalt. Ich erinnere mich genau und weiß sogar, dass ich einen schwarzen Wollpulli, Jeansrock und schwarze halbhohe Stiefel trug. Kerstin erzählte mir, dass der Mann, der ihr schon ein Kind genommen hatte, gerade ihre Zukunft zerstörte. Unglaublich, aber Jens A. (nun 30 Jahre alt) schickte der armen Frau Hass-Briefe ins Haus. Ich traf mich nur wenige Stunden später mit Daniels Mutter.

Blass, mit tiefen dunklen Rändern unter den Augen, stand Kerstin vor mir. Die Zigarette in ihrer Hand bebte. Hastig trank sie ihren Kaffee, schwarz und stark. Das lebende Elend, in mir kochte eine unglaubliche Wut hoch.

»Immer wieder versuche ich, alles zu vergessen, aber er lässt mich nicht.«

Die Kita-Erzieherin spie mir den Satz förmlich ins Gesicht. Brief-Terror aus der Knastzelle? Wirklich glauben wollte ich das erst nicht. Die müssen doch kontrollieren, was diese kranken Typen per Post verschicken, dachte ich – und lag völlig falsch. Kerstin hatte die Briefe dabei, in denen der Vergewaltiger ihres Kindes höhnte:

»Hättest Du damals auf deine Rotzgöre ein wenig mehr Acht gegeben, könnte das Balg noch am Leben sein. Die Schuld daran trägst allein Du!«

Mir fehlten die Worte.

»Er will, dass ich ihn in Haft besuche, bedroht mich deshalb«, berichtete Kerstin.

Der bislang letzte Brief von Jens A. hatte sie erst kurz vor unserem Gespräch, am 26. Februar, erreicht. Sieben Tage zuvor wäre ihr Daniel 14 Jahre alt geworden.

»Sieh mal, irgendwann werde ich entlassen werden, und wie ich schon heute genau weiß, rückt der Zeitpunkt unserer Begegnung immer näher«, schrieb der Schänder. Und weiter: »Um dem gegen mich ausgesprochenen Urteil gerecht werden zu können, wird noch einiges zu tun sein ... Immerhin hast Du noch nicht alles verloren, so wie ich.«

Kerstin hat noch eine Tochter. Damals acht Jahre alt – wie Daniel, als er ermordet wurde. Jetzt zitterte die Mutter um sie. Das Mädchen lebte zwar inzwischen bei seinem Vater, weil die zehnjährige Beziehung der Eltern nach dem Mord zerbrochen war. Aber konnte der Umzug ihr Kind wirklich vor Racheakten des Kinderschänders schützen?

Bitter war: Gegen die Briefe von Jens A. konnte sie nichts tun – ihr blieb nur eine Anzeige wegen Verunglimpfung eines Toten. Jens A. hatte Daniel als »Rotzgöre« bezeichnet.

Weitere Briefe erreichten sie meines Wissens nicht. Ich habe Kerstin bis zum heutigen Tage nie wieder gesehen und weiß auch nicht, ob ich das möchte. Über Jens A. gab es allerdings in der Zukunft für mich noch jede Menge zu schreiben.

12
Kinderschänder Jens A.

2006 war er wieder da. Daniels Schänder wurde am 21. Februar zeitweilig aus dem Knast entlassen. Er fiel sofort in seine alten Muster zurück. Es gab rasch drei neue Opfer. Ich fragte mich: Wie können Gerichtsgutachter mit dieser Last leben? Sie waren es, die glaubten, dass er sich im Bau verändert habe. Obwohl er dort erneut straffällig geworden und seine Haftstrafe auf sieben Jahre verlängert worden war. Die Staatsanwaltschaft hätte Jens A. dagegen gern für ewig hinter Gittern gesehen. Sie hatte sogar noch versucht, seine Freilassung per Gericht zu stoppen und ihn in die Sicherungsverwahrung zu schicken. Vielen Kindern wäre so unsägliches Leid erspart geblieben. Das an sich vernünftige Vorhaben wurde jedoch durch ein Gutachten im Keim erstickt. Darin stand tatsächlich, dass Jens A. zurzeit für die Allgemeinheit nicht gefährlich sei. Die Wahrheit war eine andere: Jens A. reichten zwei Tage in Freiheit für ein erneutes Verbrechen.

Jens A. war nicht dumm. Er hatte sich der angeordneten Überwachung durch die Berliner Polizei ganz entzogen – durch seinen Umzug zu einem Freund nach Bernau. Warum die Berliner Ermittler ihre Brandenburger Kollegen nicht in Kenntnis setzten, bleibt mir ein Rätsel. Vielleicht taten sie es auch, aber die Brandenburger nahmen die berechtigten Warnungen vor diesem Sexualverbrecher nicht ernst. In dem Nachbarbundesland fühlte sich Jens A. ganz offenbar frei und sicher. In dieser Sicherheit verging sich der Sexualtäter kurzerhand auf das Abscheulichste an drei Jugendlichen.

»Die Jungen waren in einem widerstandsunfähigen Zustand«, erklärte die dort zuständige Staatsanwaltschaft, nachdem Jens A. angezeigt worden war. Er hatte seine Opfer betäubt und wehrlos gemacht, bevor er sich über sie hermachte. Ein Bernauer Richter erließ Haftbefehl. Jens A. wanderte umgehend in den Knast. Er kam in die Justizvollzugsanstalt Neuruppin in Brandenburg.

Eigentlich war ich sicher, dass er jetzt für immer in der Zelle schmoren würde. So war es aber nicht. Der Sextäter kam schnell wieder frei. Das Gericht hatte die Anklage nicht zugelassen, mit der Begründung, dass sich die Opfer (14 bis 18 Jahre alt) in einem künftigen Prozess möglicherweise nicht an alle Details der Schandtaten würden erinnern können. Im Klartext: Den Jungen würde wahrscheinlich nicht gelaubt werden, da ihr Peiniger sie betäubt hatte. Da kann man schon in ernste Zweifel am Rechtsstaat geraten. So geht es mir jedenfalls. Jens A. setzte sich blitzartig ab und es wuchs erst einmal Gras über die Vorfälle in Bernau.

Im Oktober 2007, dem Jahr darauf, ließ Jens A. aus der Rheinmetropole Köln von sich hören – erneut als Sexualtäter. Sein Opfer war erst zehn Jahre alt. Er hatte den Jungen zwei Stunden lang in seiner Gewalt.

Aldin (Name geändert) wurde entführt und vergewaltigt. Eine Marter, die die junge Kinderseele vermutlich für immer belasten wird. Jens A. hatte den türkischen Jungen an einem Sonntag in Köln-Mülheim von der Straße aufgelesen, in sein rotes Auto gezerrt und in seine Wohnung in Leverkusen verschleppt. Er verging sich an dem weinenden Kind, aber er tötete es nicht. Jens A. setzte den Jungen anschließend im Kölner Stadtteil Mülheim wieder aus. Er drückte ihm noch »als Bezahlung« ein paar Euro in die Hand. In der Hoffnung, dass der Junge aus Scham schweigen würde. Eine unfassbar schäbige Geste.

Der Plan ging zum Glück nicht auf. Jens A. wurde gefasst, weil der mutige Junge sich überwinden konnte und sich seinen Eltern anvertraute. Als sie die Polizei alarmierten, führte Aldin die Ermittler sogar zur Wohnung seines Vergewaltigers. So sehr hatten sich die Stunden in der Gewalt des Sexualtäters in die Seele des Jungen eingebrannt. Jens A. wanderte erneut in Untersuchungshaft.

Dadurch in die Schlagzeilen geraten, meldete sich Thomas (15), eines seiner Bernauer Opfer von 2006, bei mir. Er konnte und wollte nicht länger darüber schweigen, dass ihn ein Mann zum Sex gezwungen hatte. Er wollte, dass Jens A. auch dafür büßen muss.

Thomas erzählte mir von der schrecklichen Nacht im Frühjahr 2006, in der seine Welt für immer aus den Fugen geriet. Jens A. hatte seine Seele zerbrochen, sein Urvertrauen zerstört. Das Gespräch mit Thomas fand im Beisein seines Vaters statt. Das Erinnern und das Sprechen fielen dem Jungen einer Fremden gegenüber sichtlich schwer. Thomas hielt seinen Blick auf den Boden gerichtet. Auch nach so vielen Monaten war es anstrengend für ihn, die fürchterlichsten Stunden seines jungen Lebens zu schildern. Ich war und bin mir auch nicht ganz sicher, ob in diesem Fall nicht sein Vater die treibende Kraft hinter diesem Treffen war.

»Der Jens, der war zuerst eigentlich total nett«, beschrieb mir Thomas seinen ersten Eindruck, als er den Mann damals kennenlernte. »Der hörte zu und war da, wenn sonst keiner für mich Zeit hatte. Heute weiß ich, dass das seine Masche war. Die einzige Art, wie er an mich rankommen, mich einwickeln konnte. So ein verlogenes Schwein.«

Ein Wettsaufen. So begann das Drama in der Wohnung von Thomas' Vater. Der hatte Jens A. nach über sieben Jahren Knast bei sich wohnen lassen. Gutgläubig. Auf meine Frage, warum man seinen eigenen minderjährigen Jungen zu so etwas wie einem »lustigen Umtrunk« einlädt, hatte der Vater keine Antwort. Obwohl ich es natürlich gerne getan hätte, konnte ich dem Mann nicht verbal den Kopf waschen – ich wäre aus der Wohnung geflogen. Jeder Polizeiredakteur muss sich in so einem Moment zusammenreißen und die eigene Abscheu runterschlucken.

Es gab Whisky, Weinbrand und Wodka in dieser kalten Märznacht. Thomas' Papa schlief völlig betrunken irgendwann ein, während der neue Mitbewohner dem Jungen ungehemmt weiter Schnaps einflößte.

»Ich saß auf dem Sessel. Er auf dem Sofa. Ich trank immer mehr. Er nicht«, erinnerte sich Thomas.

Dass an diesem Missverhältnis etwas merkwürdig war, hatte der Junge gar nicht recht wahrgenommen. Thomas war ganz arglos. Sie schauten nebenbei fern – und irgendwann verschwamm dem Jungen das Bild vor den Augen.

»Komm, ich massiere dich«, zischelte Jens, so hörte es sich auf jeden Fall in der Erinnerung des Jungen an – wie die Schlange im Garten Eden. Wehren konnte sich Thomas aufgrund der erheblichen Menge Alkohol nicht.

»Das war wie ein Tunnel, in den ich blickte. Ich kann heute noch fühlen, wie es war, als er mich zu sich auf das Sofa hob. Es war ekelhaft und es tat auch weh.«

Der viele Alkohol führte dazu, dass Thomas die Nacht eher wie ein Albtraum und nicht wie ein wirkliches Erlebnis vorkam. Erst nach zwei Wochen war alles in seinem Kopf angekommen. Das versetzte ihn in die Lage, erstmals zaghaft darüber zu reden – mit Polizisten und mit Psychologen.

»Ich war erleichtert, dass sie Jens dann auch mitnahmen. Erst später habe ich erfahren, dass er auch was mit einem Kumpel von mir gemacht hatte.«

Die Psycho-»Experten« bezweifelten allerdings, dass sich die Jungen nicht hätten gegen den Täter wehren können. Sie glaubten ihnen einfach nicht. Sondern unterstellten ihnen sogar eine Art Mitwirken – für den Fall, dass überhaupt wirklich etwas passiert sei.

Das wurde für den Vergewaltiger zum Freifahrtschein. Thomas und sein Kumpel Ronny (damals 14 Jahre alt) standen plötzlich wie Lügner da, während Jens A. dem Vater von Thomas gedroht haben soll: »Bestell deinem Sohn, dass ich ihn umbringe.«

Die ein Jahr später begangene Vergewaltigung des Zehnjährigen in Köln war für Thomas der Grund, mit mir zu sprechen. Er wollte etwas bewegen: Seht her, auch ich bin ein Opfer.

»Schlimm, dass uns niemand glaubte, dass es erst wieder passieren musste«, sagte Thomas, von der Justiz enttäuscht. »Ich wünsche mir, dass Jens nie mehr freikommt.«

Thomas litt seit dem Verbrechen an ihm unter Alkoholproblemen, seinen Schulabschluss hatte er nicht geschafft. Er fühlte sich schuldig, obwohl er doch nie Schuld auf sich geladen hatte. Er fühlte sich schmutzig und benutzt. Er unternahm sogar einen Selbstmordversuch. Das war erschütternd.

Die Fahnder im Rheinland patzten nicht, wie es die brandenburgischen Psychologen im Fall von Thomas und seinen Freunden getan hatten. Sie machten ihre Hausaufgaben gut. Eine Ermittlungsgruppe nahm sich sogar alle Sexualdelikte der seither vergangenen Monate vor. Ihr Ziel: Jens A. endlich für immer das Handwerk zu legen. Nie wieder sollten es Justizpannen möglich machen, dass ein Kind wegen dieses Mannes in Verzweiflung versinkt.

Sexualtäter Jens A. fürchtete sich vor dem drohenden Dauerknast wegen des Verbrechens an Aldin. Er hatte Angst vor den anderen Häftlingen und drohte lauthals mit Selbstmord. Seine Zelle, die Nummer 110 im Haus 5 der JVA Köln, musste viertelstündlich kontrolliert werden, um sicherzustellen, dass er sich nichts antut.

Im Juni 2008 kam der Sexualverbrecher in Köln vor Gericht. Er gestand nicht nur den Missbrauch von Aldin, sondern von insgesamt acht Kindern. Dieses Mal fand Jens A. seinen Meister in einem Richter, der endlich hart durchgriff. Elf Jahre und neun Monate Knast plus Sicherungsverwahrung lautete das Urteil. Der Richter in seiner Begründung: »Sie sind eine Gefahr für die Allgemeinheit!«

Jens A. bezeichnete seine Übergriffe auf die Kinder in seinen letzten Worten vor Gericht als »völlig unverzeihlich«. Seinem Psychiater soll er Folgendes anvertraut haben: Seit er wisse, wozu er in der Lage sei, sei er auch für die Todesstrafe.

Jens A. ist seither eingesperrt. Frühestens 2023 wird geprüft, ob der dann über 60-jährige Mann irgendwann in Freiheit kommen kann. Ich jedenfalls hoffe, dass Kinder für alle Zeit vor ihm sicher sind.

*

Manche Justizvertreter sind grundsätzlich zurückhaltend, wenn es um die Verhängung von langen Haftstrafen und von Sicherungsverwahrung geht. Sie betonen, dass jeder Mensch ein Recht auf Resozialisierung habe. Es kommt vor, dass sie Journalisten vorwerfen, sich dem »Volksempfinden« anzubiedern und den Resozialisierungsgedanken aufgeben zu wollen. Das ist so allerdings nicht korrekt. Ich für meinen Teil sehe einen großen Unterschied zwischen Dieben, Vandalen und Handtaschenräubern einerseits und eindeutig überführten, bereits rückfällig gewordenen Sexualstraftätern andererseits. Mir ist es lieber, dass ein verurteilter Erwachsener länger brummt, als dass auch nur eine weitere Kinderseele zerstört wird. Es kommt immer wieder vor, dass Schwerstverbrecher entlassen werden – selbst wenn Gutachter eine Rückfallgefahr nicht ausschließen wollen. Das macht mich wütend. Gleichwohl liegen mir randständige, populistische Forderungen fern, nach denen man am besten die Todesstrafe wieder einführen sollte. Ich möchte allerdings darauf hinweisen, dass in anderen demokratischen Rechtsstaaten eine lebenslange Haftstrafe auch wirklich eine lebenslange Haftstrafe ist. Die in Deutschland gegebene Möglichkeit, eine Sicherungsverwahrung nach abgesessener Haftzeit zu verhängen, ist umstritten. Aber ob nun lebenslange Haft oder Sicherungsverwahrung: Mir ist wichtig, dass die Öffentlichkeit und gerade die Kinder vor manchen Menschen so lange wie irgend möglich geschützt werden.

13
Die Kinder auf meiner Seele

Die vermissten und die ermordeten Kinder in meinem Kopf waren nicht auf einen Schlag da. Sie kamen nach und nach. Erst in meine Träume. Das ließ mich aus dem Schlaf schrecken und nicht wieder dorthin zurückfinden. Dann schwirrten sie durch meine Tage. Immer durch die, die ich nicht mit Arbeit vollgestopft hatte. Sie wollen seither einfach nicht mehr gehen. Wie Gespenster. Es sei denn, ich bin hyperaktiv – ständiges Herumschieben und Neuaufstellen von Möbeln, unsinnige Friseurbesuche und Kaufzwang im Bekleidungsgeschäft.

Arbeit, Familie und Arbeit, Arbeit, Arbeit. Mein Leben ist so zu einem Hamsterrad geworden, das ich am Laufen halten muss. Wenn Sie mich kennenlernen würden, würde Ihnen ein gut gelaunter Mensch gegenübertreten. Freundlich plaudernd. Kommunikativ, emotional, extrovertiert – mit einem Slogan dieser Art wurden vor einigen Jahren Kandidaten für das voyeuristische TV-Format *Big Brother* gesucht. So müssen die Menschen heutzutage sein. Manche sitzen nur deshalb in Gruppentherapien, weil sie die Natur anders gemacht hat. Ich habe gelernt, eine perfekte Fassade aufzubauen. Aber tief in mir drinnen sieht es anders aus – und das hat keineswegs »natürliche« Ursachen. Ich werde von Panikattacken geschüttelt. Sie kommen ohne Grund, sind spontan da – Herzrasen, Schwitzen, Atemnot und ein Gefühl in der Brust, als müsste ich platzen, schreien, etwas zerstören. Im schlimmsten Fall schlage ich meinen Kopf auch mal an den Türrahmen, vor den Kühlschrank oder auf die Tischplatte. Das letzte Mal vor wenigen Wochen. Aber zum Glück ist es eine seltene Entgleisung geworden.

Früher habe ich abends nach dem Dienst für meine Familie gekocht und mich selbst mit riesigen Portionen Essen vollgestopft, natürlich Spaghetti Bolognese. Dazu trank ich immer mindestens einen halben Liter zuckerhaltige Cola, weil das Kotzen danach leichter war. Mit wieder leerem Magen ging es dann an die Tüte Chips, auch gern an Pralinen – Edle Tropfen in Nuss. Gemixt mit Cola habe ich diese kleinen Sünden im Laufe der Abende auch wieder zum Klo gebracht. Später holte mich meine Ess- und Brechsucht auch während der Arbeitszeit ein – Frühstück und Kotzen, Mittagessen und Kotzen. Ich weiß, dass ich mich damit für meinen Erfolg im Beruf bestrafen wollte.

Mich mit Alkohol oder Tabletten zu betäuben kam nicht infrage. Auch ein abendlicher Joint, wie vor der Schwangerschaft mit meinem Sohn, war nicht mehr drin. Denn ich wusste, dass ich funktionieren muss. Manchmal haben ein Kollege, Polizeireporter einer anderen Zeitung, und ich nachts telefoniert. Wir hatten beide niemanden, mit dem wir sonst über unseren Frust reden konnten. Über Jahre hinweg hatten wir eine zarte Freundschaft aufgebaut. Wir trafen uns sogar manches Mal an Tatorten. Und einmal taten wir etwas sehr Schlimmes.

*

Ein Kind war tot. Ertrunken in einem Dorfteich, als die Eltern eine Sekunde nicht aufgepasst hatten. Natürlich war das den Berliner Zeitungen einen großen Beitrag wert. Aber es gelang uns einfach nicht, die Eltern dieses Kindes aufzutreiben. Dafür fanden wir die Oma der Kleinen. Nur wusste die noch gar nichts vom Tod ihrer Enkelin. Das bekamen wir schon sehr schnell mit. Es wäre besser gewesen, wenn wir geschwiegen hätten und einfach wieder gegangen wären. Doch in der Frau keimte rasch eine dunkle Ahnung davon auf, was los war. Sie bat uns ins Haus, kochte Kaffee, fuhr sogar Kuchen auf, während wir die gesamte Zeit um den heißen Brei herumredeten. Ich weiß nicht, was wir ihr alles aufgetischt haben, um ein Foto der Kleinen zu bekommen, ohne auch nur einen Ton von dem Unglück zu sagen.

Irgendwann aber baute sich in uns beiden so ein ungeheurer Druck auf, dass wir mit der Wahrheit herausplatzten. Wir wollten einerseits endlich ehrlich sein, andererseits das gewünschte Bild abstauben – und einfach nur nach Hause gehen. Aber egal, was am Ende als Motiv überwog: So etwas ist unverzeihlich. Ein Grundsatz unserer Arbeit lautet, dass Todesnachrichten von der Polizei überbracht werden – auf gar keinen Fall von Reportern. Kurzum: Ein Foto bekamen wir natürlich nicht. Die Dame brach zusammen. Wir mussten mit ihr auf den Rettungswagen warten.

*

Es war mir für die Zukunft eine Lehre, eine eindringliche Warnung. Und: Spätestens ab diesem Zeitpunkt fuhr die Angst zu jedem Unglück mit, über das ich berichten sollte. Ich ging viel vorsichtiger mit den Angehörigen der Opfer um. Ich versuchte, auch zu geben, statt nur zu nehmen. Ich bemühte mich, die Mutter eines verunglückten Fernfahrers bei dem anschließenden Prozess gegen den Chef des jungen Mannes zu unterstützen. Ich half bei ihren Versicherungsproblemen. Ich wollte einfach da sein, wenn die Seelen der Hinterbliebenen überliefen. Sie nicht alleine lassen. Meine Telefonnummer hinterließ ich seitdem bei den meisten Betroffenen.

Mein schlechtes Gewissen ihnen gegenüber stellte ich so aber nicht ab. Im Gegenteil: Ich begann immer mehr, mich mit den Opfern der Taten und ihren Angehörigen zu beschäftigen. In meinem Kopf spukte ständig der Satz herum: »Das könntest du jetzt sein.« Albträume und dauerhafte Schlafstörungen waren, wie gesagt, die Folge. Und sie sind es noch heute. Ich habe Angstausbrüche, die mir regelmäßig den Atem nehmen und den Schlaf rauben – und natürlich die immer wieder aufflammende Bulimie.

Als 2002 meine Katze starb – ich weiß, dass dies jetzt lächerlich klingt –, gab mir meine damalige Hausärztin ein Beruhigungsmittel. Die Pillen schlucke ich noch heute, um in den Schlaf zu kommen. Meine Dosis ist inzwischen doppelt so hoch wie die für den gesamten Tag vorgesehene Normaldosis. Jahrelang saß ich jede Woche bei einer Psychotherapeutin – ohne eine Hoffnung auf Erfolg. Sie brach die Behandlung schließlich mit den Worten ab: »Sie sind nicht therapierbar, das macht Ihr Job.«

14

Jessica K.

4. November 1998. Ich stand mittags vor einem braunen abgewohnten Altbau in der Reinickendorfer Schillingstraße. Mein Herz war schwer, weil ich genau wusste, welches Leid mir nach ein paar Stufen entgegenschlagen würde. Ich war auf dem Weg zu den Eltern von Jessica K., einem elfjährigen Mädchen, das schon seit einer Woche verschwunden war. Kinder in dem Alter reißen nur selten aus. Und wenn, dann bleiben sie nicht so lange weg. Vielleicht über Nacht, um ihre Eltern zu bestrafen, weil sie sich über etwas geärgert haben oder ihnen etwas verboten worden war. Aber doch nicht eine Woche. Jeder ahnte zu dieser Zeit schon, was erst zweieinhalb Monate später grausame Gewissheit werden würde – die Schülerin war ermordet worden.

Martina, die Mutter des Mädchens, öffnete mir die Tür. Sie war damals 36 Jahre alt, genauso alt wie ich. Ihre Augen waren rot von den vielen Tränen, die sie in den sieben Tagen seit Jessicas Verschwinden schon vergossen hatte.

»Ich dachte immer, so etwas kann in unserer Familie nie passieren«, sagte sie.

Und ich konnte sie so gut verstehen. Martina war leicht benommen. Sie hatte in der Zeit etliche Beruhigungspillen geschluckt, um nicht durchzudrehen und um Kraft für ihre anderen Kinder zu haben. Auch sie fürchtete zu der Zeit bereits, dass Jessica tot sein könnte. Als sie mir das sagte, war ich erschüttert. Martina berichtete mir von einem Albtraum, den sie in der Nacht zuvor gehabt hatte.

»Vergangene Nacht bin ich hochgeschreckt. Im Traum habe ich meine Shorty (Kosename ihrer Tochter) gesehen, ihre Kehle war durchgeschnitten. Als mein Sohn Sven in Kiel operiert werden musste, war dieses Gefühl auch da. Als es Jessicas Schwester

Jennifer einmal ganz schlecht ging, ebenfalls. Und jetzt ist es wieder da. Ich hoffe so sehr, das ich mich diesmal täusche.«

So offen hatte noch niemand vor mir seine Ängste ausgedrückt.

Wir saßen gemeinsam im Kinderzimmer. Auf dem Bett ihrer Tochter lagen die Kuscheltiere des Kindes – niedliche bunte Plüschwale. *Free Willy* war einer ihrer Lieblingsfilme.

Dass Jessica von zu Hause weggelaufen war, war für Familie und Polizei unvorstellbar. Es gab keinen ersichtlichen Grund. Martina beschrieb ihre kleine Tochter als keck und intelligent. Eine gute Schülerin, der ihre Eltern nahezu jeden Wunsch von den Augen ablasen.

»Wenn sie ein Problem gehabt hätte, hätte ich es doch bemerkt«, davon war ihre Mutter felsenfest überzeugt. »Sie ist nicht freiwillig verschwunden. Das würde Shorty nicht tun.«

Jessica war am Morgen des 28. Oktober 1998 mit ihrer Schwester alleine in der Wohnung. Ihre Eltern waren schon fort zur Arbeit. Gemeinsam verließen die Mädchen das Haus, trennten sich dann. Aber auf den Weg zur nahen Mark-Twain-Grundschule in Reinickendorf hatte sich »Shorty« anscheinend nicht gemacht. Ihr Schulranzen lag mittags, als ihre Mutter von ihrer Putzstelle im Bezirksamt kam, noch unberührt in ihrem Zimmer und die Wohnungstür war ordentlich abgeschlossen.

Über Jessicas Verschwinden gab es mehrere Theorien: Vonseiten der Polizei war immer wieder von einer Verabredung mit einem Unbekannten die Rede. Warum, war mir nie klar. Mit elf Jahren fand ich Jessica einfach noch zu jung für eine Verliebtheit mit einem Älteren. Dass ein Bekannter oder Verwandter sie unter einem Vorwand aus der Wohnung gelockt haben könnte, wurde auch für möglich gehalten.

Die Polizei fahndete mit Hochdruck. Beamte klapperten mit dem Foto des Mädchens bewaffnet Haustüren ab. Sie befragten ihre Lehrer, Mitschüler und Freunde. Suchhunde waren in der gesamten Umgebung im Einsatz und Lautsprecherwagen, die im Schritttempo durch umliegende Straßen fuhren. Das Bild des verschwundenen Mädchens war in allen Zeitungen, wurde vom Regionalfernsehen ausgestrahlt.

Allein darauf wollten sich Martina und ihr Mann nicht verlassen. Sie wollten auf keinen Fall tatenlos bleiben und organisierten eine eigene Suchaktion. Die Familie ließ 15.000 Plakate drucken und verteilte sie in Berlin und dem Umland. Doch »Shorty« blieb weg. Jessicas Eltern und Geschwister machte die Ungewissheit völlig fertig.

Nach den ersten Veröffentlichungen hatte sich ein Mitschüler von Jessica bei der Polizei gemeldet. Er wollte seine Schulkameradin am Morgen des 28. Oktober um 7.50 Uhr auf der Scharnweberstraße gesehen haben. Jessica soll sich seltsam verhalten haben. Abwesend und verstört. Jessica habe weder ihren Tornister noch einen Schirm dabeigehabt, obwohl es an diesem Morgen in Strömen regnete. Ein Grund, weiter zu berichten und dazu den Eltern erneut einen Besuch abzustatten. Sie wirkten erschöpft, besonders die Mutter.

Er habe selten eine Frau erlebt, die trotz der eigenen Suchaktion ihr Kind innerlich so schnell aufgab, sagte mir an diesem Tag der damalige Leiter der Vermisstenstelle.

Der Schülerhinweis führte zu keinem Fahndungserfolg.

Am 9. November, zwölf Tage waren vergangen, existierte keine neue taugliche Spur. Die Hinweislage im Fall Jessica blieb dünn. Mittlerweile hatte die Vermisstenstelle den Fall an die 7. Mordkommission übergeben. Hundert Polizeibeamte hatten am Vortag die Wälder und das Gebiet um den nicht weit von Jessicas Elternhaus entfernten Flughafensee durchforstet. Jessicas Eltern und ihren beiden Geschwistern wurde immer deutlicher bewusst, dass ein Verbrechen mit jeder weiteren Stunde ohne eine Spur von »Shorty« wahrscheinlicher wurde. Das Warten auf eine erlösende Nachricht hatte sie regelrecht zermürbt. Dann waren da auch noch die seltsamsten Hinweise, die an die Polizei gingen.

»Jessica geht es gut, aber sie will nicht nach Hause«, soll ein fremder Mann einer Bekannten der Eltern gesagt haben, als diese über die nahe Scharnweberstraße in Reinickendorf ging. Dort, vor Haus Nummer 48, war Jessica von ihrem Mitschüler letztmals gesehen worden. Bevor die Frau den ominösen Menschen nach seinem Namen fragen konnte, sei er verschwunden gewesen. Sie beschrieb ihn als etwa 40-jährig, 1,85 Meter groß, mit leicht gewelltem Haar. Ihren Angaben nach hatte er eine dunkle Jacke und eine blaue Hose an.

Die Polizei startete daraufhin einen Aufruf mit der Bitte, er möge sich melden. Aber es geschah nichts. Es kam immer wieder zu neuen Suchaktionen, unter anderem durchkämmten 50 Polizisten eine anliegende Laubenkolonie. Auch vergebens.

Zwei Tage darauf ging bei der Polizei erneut ein Anruf mit einem vermeintlichen Lebenszeichen von Jessica ein – von einem Schulfreund. Er wollte sie in der Straße Meller Bogen gesehen haben. Es war für alle, die »Shorty« so liebten, ein kaum noch erträgliches Auf und Ab.

Aufgeben wollte die Polizei das Mädchen so schnell aber nicht: Am 20. November ging eine Einsatz-Hundertschaft sechs Stunden lang systematisch den Volkspark Rehberge in Reinickendorf ab. Die Polizisten bildeten Ketten und stocherten in einem geringen Abstand im knöchelhohen Schnee. Bis Dezember wollten sie an allen Plätzen gewesen sein, an denen Jessica je mit ihren Eltern war. Jessicas Mutti schluckte weiter ihre Pillen, die Geschwister plagten Albträume. Vater Thomas K. flüsterte mir erschöpft zu:

»Wir können jetzt nicht mehr. Wenn diese Warterei nur ein Ende hätte ...«

Ende November brach die Verzweiflung aus dem Mann heraus. Vor vier Wochen hatte er sein Kind zuletzt gesehen.

»Gebt mir meine Jessica zurück«, flehte er in der SAT.1-Sendung *Fahndungsakte* – in der Hoffnung, seine Tochter sei entführt worden.

Anfang Dezember ließ die Polizei zusätzlich noch einmal 100.000 Plakate in ganz Deutschland verteilen. Die Einsatzkosten sprengten die Millionengrenze. Nur 30 Hinweise waren bis dahin die magere Ausbeute der Polizeiaktionen, unter anderem von 15 Großsuchen.

Die Zeit verstrich ebenso gnadenlos wie hoffnungslos. Weihnachten, Silvester, Neujahr.

Der 9. Januar 1999. Ein Tagebau nahe Morl (Sachsen-Anhalt). Gut 200 Kilometer von Berlin entfernt. Er war schon lange geschlossen, lag einsam. Umliegende Häuser standen mehrere Kilometer entfernt. Die Bundesstraße 6 Richtung Aschersleben führte an dem Gebiet entlang. Es war ein beliebtes Ausflugsziel. Jessica war jetzt seit zehn Wochen fort.

Ein junger Mann nutzte an jenem Tag die Ruhe der Mittagszeit und spazierte mit seiner Dogge über die Felder am Extagebau. Sein Hund stöberte im Unterholz. Plötzlich schlug er unvermittelt an, begann im Erdreich zu scharren und buddelte einen grünen Müllsack frei. Sein Herrchen sah nach und fand darin eine Leiche. Der Hundebesitzer schlug Alarm. Polizei, Rechtsmedizin, Spurensicherung riegelten die Umgebung ab. Sie brauchten Stunden, den Fund von Erde und Schuttresten zu befreien. Jeder Krümel wurde auf Spuren vom Täter gesichtet. Der Verbrecher hatte sein Opfer in zwei Säcken verpackt. Das tote Mädchen war nackt. Bis auf die blauen Strümpfe mit eingesticktem Hercules-Motiv, die es an den Füßen trug. So welche hatte Jessica bei ihrem Verschwinden angehabt.

Alter, Größe und Haarfarbe stimmten ebenfalls auf den ersten Blick überein. Eindeutig identifizieren konnte man die Tote allerdings so nicht. Der Körper war bereits verwest und von Tierfraß sehr entstellt. Die Sofort-Obduktion führte gleich zu dem Verdacht eines Sexualverbrechens, und alles sprach dafür, dass das Kind nicht dort, sondern andernorts getötet worden war. Es lag schon seit Wochen vergraben auf der Halde. Die Berliner Ermittler wurden informiert und fuhren sofort nach Halle. Am Ende konnte Jessica nur noch anhand ihrer Fingerabdrücke identifiziert werden.

*

Diese Mitteilung über den Tod des eigenen Kindes ist immer ein unerträglicher Schock, trotz der Befürchtungen und Vorahnungen der Mutter. Für Jessicas Familie tat sich der Boden auf und sie stürzten in einen Abgrund der Gefühle. Zwei Psychologen holten Eltern und Geschwister aus ihrer Wohnung in der Schillingstraße und brachten sie an einen geheimen Ort. Sie sollten Ruhe finden – vor allem auch vor den Medien. Den Ermittlern ging es außerdem darum, dass am besten nichts aus ihren Untersuchungen ausgeplaudert werden konnte. Es hätte die Fahndung nach dem Kindsmörder gefährden können.

Das Mitgefühl für die Familie des Mädchens war groß. In Jessicas Schule, der Mark-Twain-Grundschule in der Auguste-Viktoria-Allee, legten die Lehrer und alle 575 Schüler eine Trauerminute ein.

In der Folgezeit überprüfte die Polizei mehr als 50 bekannte Kinderschänder. Es gab auch neue Hinweise, über 200, aber weiterhin nicht eine einzige wirklich brauchbare Spur.

Die Ermittler waren mit viel Herzblut dabei. Jede Idee, die ihnen kam, wurde umgesetzt. Der Fall Jessica lief auch im Fernsehen. In Zusammenarbeit mit der Polizei stellte ein Kamerateam die letzten gesicherten Erkenntnisse über Jessicas Verschwinden nach.

Ende Januar dachten alle, das Verbrechen sei geklärt. Ein junger Mann (19) wurde auf dem Flughafen Tempelhof festgenommen. Der Verdächtige sollte einem Zeugenhinweis zufolge im Dezember an dem Tagebau gewesen sein und einen »größeren Gegenstand« im Auto gehabt haben. Es hatte sich dabei aber nur um einen Computer gehandelt, wie sich danach herausstellte.

Anfang Februar trugen Jessicas Eltern und Geschwister ihr kleines Mädchen zu Grabe. Verwandte, Freunde, Mitschüler und Nachbarn: Mehr als 100 Menschen begleiteten den weißen, mit Rosen bedeckten Kindersarg über den Nazareth-Friedhof in Reinickendorf. Ein Chor sang *Amazing Grace*. Ein schwarzer Grabstein mit einem Orca-Wal *(Free Willy)* bewacht seither die Ruhestätte des ermordeten Mädchens, darauf steht: Jessica – Shorty.

317 Hinweise waren es bis März. Ein Phantombild des mutmaßlichen Täters wurde herumgereicht. Die Zeit raste weiter. Auch der 28. Oktober 1999, der erste Jahrestag von Jessicas Verschwinden, ging vorüber, ohne dass der Täter gefunden war.

Ein weiteres Jahr, zehn Jahre.

Aktenzeichen XY … ungelöst berichtete am Mittwoch, den 5. September 2012 über den nun schon 14 Jahre zurückliegenden Sexualmord. Kriminaltechniker hatten eine männliche DNA-Spur vom Körper der Kinderleiche konserviert und zwischenzeitlich entschlüsselt, aber leider keine Übereinstimmung bei einem Vergleich in der bundesweiten Gendatei erzielt. Mit einer neuen öffentlichen TV-Fahndung hofften sie trotzdem, Jessicas Mörder noch zu schnappen.

Die Polizei gab neue Details aus dem Leben und über das Verschwinden Jessicas bekannt, die bisher aufgrund des sogenannten Täterwissens zurückgehalten worden waren:

Jessica hatte nur wenige Freunde, mit denen sie sich traf, meistens blieb sie alleine. Nur den »Interkulturellen Mädchentreff« in der Schillingstraße besuchte sie regelmäßig. Sie wohnte mit ihrer Familie direkt darüber.

Am Dienstag, den 27. Oktober, einen Tag vor ihrem Verschwinden, konnte sie nicht zur Schule gehen, weil sie eine frische Verletzung vom Inlineskaten hatte. Als ihre Mutter gegen elf Uhr von der Arbeit kam, saß die Tochter noch am Küchentisch und verdrückte ein Schokobrot. Ihr verletztes Knie sah aber schon besser aus. Mutter Martina beschloss deshalb, sie am nächsten Morgen doch wieder zur Schule zu schicken. Deshalb durfte Jessica nach ihrem Schokobrot auch noch in den Mädchen-Treff. Statt aber direkt dorthin zu gehen, soll sie laut Zeugen allein in eine Grünanlage geschlendert sein. Erst anschließend ging Jessica dann zu ihren Freundinnen. Sie erschien ihnen auffällig bedrückt. Auf die Frage nach dem Warum sagte sie aber nichts.

Am nächsten Morgen verließ Jessica in Begleitung ihrer älteren Schwester das Haus. Der fiel auf, dass Jessica keine Schultasche dabeihatte. Die Kleine behauptete, sie müsse erst zur zweiten Stunde. Die Schwestern trennten sich danach. Statt zum Bäcker oder wieder heim zu gehen, so vermuteten die Ermittler, irrte Jessica ziellos durch den Bezirk Reinickendorf. Das passte zu dem Hinweis ihres Mitschülers, der sie gegen 7.50 Uhr in der Scharnweberstraße gesehen haben will. Ein weiterer bemerkte sie zehn Minuten darauf, wie sie den Eichborndamm auf Höhe Hausnummer 14 in Richtung Norden ging. Die Jungen sagten übereinstimmend aus, sie sei traurig gewesen. Ihr Verhalten gibt der Polizei ein Rätsel auf. Bis heute hält sich die Vermutung der Mordermittler, dass Jessica einen Unbekannten kennengelernt hatte und treffen wollte – oder musste. Teile ihrer Kleidung, eine dunkelgrüne Sportjacke und eine weiße Jeans mit schwarzen Nadelstreifen, sind nach wie vor verschwunden. Ebenso ihr auffälliger Schlüsselbund, daran ein Anhänger in der Form eines Pucks der Berliner Eishockeymannschaft »Capitals«.

Über 14 Jahre steckt die Mördersuche schon in einer Sackgasse. Das macht mich wütend und hilflos. Genauso wie die Tatsache, dass in Berlin weiterhin Mädchen in Jessicas Alter spurlos verschwinden.

Zweieinhalb Jahre nach dem Sexualmord an der kleinen Reinickendorferin wurde in Brandenburg eine Zwölfjährige vermisst. Ein Kinderschänder hatte das Mädchen mit seinem Auto umgefahren, als es durch ein Waldstück radelte, und es in seinen Wagen gezerrt. Eine Zeit lang gab es die Vermutung, dass es Jessicas Mörder gewesen sein könnte, der jetzt im Umland zugeschlagen hatte.

15
Ulrike B.

Es ist glatt, eisiger Wind peitscht. Ich krieche die A 11 Richtung Prenzlau in meinem lindgrünen Twingo eher entlang, als dass ich fahre. Mein heutiger Ehemann Mike sitzt neben mir und macht Faxen. Er will mich aufmuntern, da er weiß, dass mir dieser Ausflug schwerfällt. Ein Ausflug auch in meine Vergangenheit. Wir fahren an diesem Morgen zu einem Grab. Auf die Straßenkarte muss ich dafür nicht schauen. Den Weg kenne ich auswendig, obwohl schon wieder drei Jahre vergangen sind, seit ich ihn das letzte Mal fuhr. Das war einen Tag vor dem zehnten Todestag der kleinen Brandenburgerin Ulrike.

Meine Haare sind klatschnass, kaum dass Mike und ich am Friedhof aus dem Wagen steigen. Es schneit. Die Hände tief in die Taschen meines Parkas gestopft, trete ich durch das steinerne Tor. Den Weg gleich rechts geht es rein. Am Ende noch ein paar Meter nach links und wir sind da. Ulrikes Name steht auf dem rosafarbenen Marmorstein, er ist verwittert, leicht verblichen, auch das Datum ist schwer lesbar. Zwei eingeschneite Teddys sitzen auf der Bank daneben. Ein Engel und eine Maus wachen auf dem Grab über das tote Kind. Ich trete einige Schritte zur Seite, bis zum Maschendrahtzaun am Friedhofsrand. Dann erblicke ich den jetzt wie damals verschneiten Weg in den Wald und die Stelle, an der der Albtraum begann. 13 Jahre sind seither vergangen.

Der 22. Februar 2001. Ulrikes Mutter war schon völlig in Panik. Draußen war es bitterkalt, es hatte geschneit. Dunkelheit lag bereits über der hübschen Siedlung im Eberswalder Ortsteil Finow mit den kleinen, netten Einfamilienhäusern und den gepflegten Gärten. Ulrike hätte schon lange daheim in ihrem gemütlichen Zimmer sitzen sollen. Sie hatte gegen 15.40 Uhr ihr Elternhaus verlassen.

Aber sie war nicht wie verabredet um 18 Uhr vom Handballtraining in der knapp einen Kilometer entfernten Sporthalle zurückgekommen. Für Ulrike war das ungewöhnlich. Ihre Mutter lief immer wieder zum Fenster. Alles, was sie sah, waren die leere Straße und der Friedhof links gegenüber. Irgendwann hielt sie es nicht mehr aus und griff zum Telefonhörer. Der Anruf bei der Handballtrainerin war ein Schock. Ihre Tochter Ulrike war überhaupt nicht zum Sport erschienen. Es gab kein Halten mehr. Die Mutter ging raus, lief den Weg entlang, den ihre Tochter immer nahm. Den Weg zwischen Wäldchen und Friedhof.

Weit musste die Mutter nicht gehen. Nur 400 Meter, dann sah sie es schon. Das Mädchenrad ihrer Tochter lag im frischen Schnee. Der Lenker war verdreht und zerkratzt, der Vorderreifen verbogen, es fehlten zwei Speichen. Es musste schon eine Weile neben dem Baum gelegen haben. Mittlerweile hatte es eine dünne Flockenschicht bedeckt. Es war inzwischen 20.30 Uhr. Ein Autofahrer hatte ihre Tochter viereinhalb Stunden zuvor niedergerast.

Sein Opfer anzufahren, um es anschließend zu verschleppen? Das kam der Polizei zu ungewöhnlich vor. Für sie lag zunächst der Verdacht nahe, Ulrike könnte das zufällige Opfer eines Verkehrsunfalls mit Fahrerflucht geworden sein. Das passte auch zu den ersten Hinweisen, die eingingen.

Ein Zeuge wollte auf einem Spaziergang mit seinem Hund gegen 15.30 Uhr einen hellen Schrei gehört und anschließend einen weißen Kleinwagen gesehen haben. Er habe daneben einen jungen, etwa 20-jährigen Mann bemerkt, der von der Beifahrerseite hinten zum Auto ging, dann schnell auf den Fahrersitz sprang und vom Waldweg zurück auf die Straße gerast sei. Erst habe er nicht viel darüber nachgedacht – bis er von Ulrike und ihrem Verschwinden erfuhr.

Ein anderer Zeuge hatte ebenfalls einen Schrei gehört: »Nicht, als wenn man jemanden anbrüllt oder sich erschreckt. Das war große Angst.«

Doch wo war das vermeintliche Unfallopfer? Wo war Ulrike?

Schon am kommenden Tag lud Brandenburgs Polizei zu einer Pressekonferenz nach Eberswalde.

Da es später Nachmittag war, vereinbarten mein Kollege und ich zunächst mit einer Reporterin der zu unserem Verlag gehörenden *Berliner Zeitung*, dass sie fahren und uns von dort aus anrufen würde. Wir hatten Bedenken, zeitlich in Textprobleme zu geraten, weil wir an jenem Tag besonders viele Geschichten schreiben mussten. Außerdem hatte sich dieses Vorgehen schon bewährt. Diesmal führte es allerdings zu einem unglaublichen Eklat mit einem unserer damaligen Vorgesetzten. Nicht nur, dass er mit hochrotem Kopf in unserem Büro tobte. Es wurde tatsächlich mit Abmahnung gedroht. Also fuhr mein Kollege notgedrungen selbst zur Pressekonferenz und telefonierte mir alle Infos durch – ich begreife nicht, worin jetzt der Unterschied lag. Doch das nur am Rande.

150 Hinweise gingen auf die ersten Zeitungsberichte bei der Polizei ein. Es gab eine riesige Suchaktion mit fast 500 Polizisten aus Brandenburg, Berlin und Mecklenburg-Vorpommern. Sie suchten in ganz Eberswalde und in einem Radius von 60 Kilometern um den Fundort des Fahrrads. Leichenspürhunde und Hubschrauber mit Wärmebildkameras waren im Großeinsatz, fanden aber keine Spur. Auch Helfer des Deutschen Roten Kreuzes und des Technischen Hilfswerks beteiligten sich in den folgenden Tagen. Genau wie viele Freiwillige aus der Bevölkerung. Ulrikes Eltern entschlossen sich vier Tage nach dem Verschwinden ihrer Tochter zu einer Pressekonferenz für Zeitungen, Funk und Fernsehen in der Feuerwache von Eberswalde. Die Polizei hatte dort das Hauptquartier für die Suchmannschaften eingerichtet.

Ulrikes Vater und Mutter teilten mit: »Wir, die Eltern, wenden uns an diejenigen, die unsere Tochter haben. Wir bitten um ein Lebenszeichen.«

Sie richteten ihre Worte auch an ihr Kind: »Ulrike, wenn du uns hören oder sehen kannst, in Gedanken sind wir bei dir.« Zu diesem

Zeitpunkt war auch die Polizei noch felsenfest davon überzeugt, dass das Mädchen lebt. »Halte durch. Wir werden dich finden, wo immer du auch bist. Denke einfach an unsere gemeinsamen Abende«, bat die Mutter ihre Tochter.

Ulrikes Vater sprach zu dem vermeintlichen Entführer. Er sagte: »Wir vermissen unsere Ulrike so sehr. Bitte, lassen Sie unsere Ulrike frei. Ganz egal wo.«

Die Feuerwache war zugleich Sammel- und Informationspunkt für die Medien. Einen direkten Kontakt zu einzelnen Journalisten lehnten die Eltern damals allerdings ab – mit Rücksicht auf Ulrikes 14-jährige Schwester. Im Nachhinein überlege ich, was das für ein schrecklicher Ort für die Eltern gewesen sein muss. Sie waren ständig im Fokus der Kameras. Jedes Wort, das ihnen über die Lippen kam, wurde aufgezeichnet oder notiert. Es waren ihre Trauer und ihre Angst, die wir zum Ausdruck bringen wollten. Aber da wir nicht selbst betroffen und völlig Fremde waren, müssen wir gewirkt haben wie eine geifernde Horde.

Bei der kriminaltechnischen Untersuchung des zerbeulten Mountainbikes fanden die Techniker Lackspuren an der Radnabe. Ihre Analyse ergab, dass das Tatfahrzeug ein weißer VW Polo oder Golf der Baujahre 1977 bis 1999 sein musste. Tatsächlich, es war ein Polo – und er war ausgebrannt. Die Polizei hatte ihn noch am Tag von Ulrikes Verschwinden in der Albertshofer Chaussee bei Bernau sichergestellt. Ohne zu ahnen, dass er das Auto des Täters sein könnte. Der Polo hatte eine Beule im Kotflügel. Im Brandschutt lagen verkohlte Reste eines grauen Rucksacks und Teile einer Trinkflasche und einer Haarspange. Ulrikes Mutter identifizierte sie. Ein menschlicher Körper war aber nicht im Auto verbrannt.

In der für Ulrikes Fall gegründeten SOKO »Finow« ermittelten 60 Kriminalisten. Sie rekonstruierten, dass der Täter mit dem Polo von Eberswalde-Finow über Biesenthal ins 30 Kilometer entfernte Bernau gefahren war. Dafür gab es eine Zeugin. Die Frau beschrieb einen schlanken jungen Mann mit braunen Haaren. Den Wagen fackelte er an einem Bahnübergang am Gewerbegebiet Albertshof ab, um Spuren zu vernichten. Er hatte ihn einen Tag vor der Tat in Berlin gestohlen.

Noch immer glaubten alle, dass Ulrike lebt. Die Staatsanwaltschaft und die Polizei beharrten regelrecht darauf, dass der Täter Ulrike mit einem weißen VW Polo zwar angefahren hatte. Aber nicht absichtlich, sondern versehentlich. Nach dem Unfall sei er in Panik mitsamt dem verletzten Mädchen geflohen und habe es an einen unbekannten Ort gebracht, so ihre Theorie. Natürlich klammerten sich auch Ulrikes Eltern an diesen Gedanken.

Sie appellierten erneut an den Autofahrer: »Geben Sie uns einen Hinweis, wo Rike ist. Wo wir sie abholen können.«

Und an Ulrike: »Bleib stark, halte durch. Wir finden dich.«

Bis Anfang März sammelte die Polizei über 1.000 Hinweise. Aber menschliche Schicksale ziehen auch magisch Scharlatane und Querulanten an. Darunter war auch eine Hellseherin aus Österreich, die Ulrike gefesselt in einer ehemaligen Kaserne in Magdeburg geortet haben wollte. Das war natürlich Blödsinn, dennoch wurde auch diesem Hinweis gewissenhaft nachgegangen. Die Polizei weitete ihre Suche bis nach Berlin aus. Zur Unterstützung schickte die Luftwaffe kostenlos zwei Tornados mit spezieller Kameratechnik. Besonders widerlich waren zwei Trittbrettfahrer, die sich am Leid der Eltern bereichern wollten. Sie forderten 55.000 Mark Lösegeld für Ulrike. Was sind das nur für Menschen?

Am 8. März zerplatzte alle Hoffnung. In einer Waldsenke nahe dem ehemaligen Russen-Flugplatz in Werneuchen wurde eine Leiche entdeckt. Von dem Schäferhund eines Spaziergängers. Das tote Kind lag rund 350 Meter von einer kleinen Straße entfernt. Es war halb mit Ästen und Laub verdeckt.

Die ganzen Tage der Suche waren wir der Polizei von Spur zu Spur, von Zeuge zu Zeuge hinterhergestapft. Mit der Ausdauer von Jägern, die scheuer Beute nachstellen. Für die Medien ist es wirklich so etwas wie eine Jagd: Unsere Trophäe ist am Ende die beste

Schlagzeile. Natürlich hetzten wir auch zu der Waldsenke nach Werneuchen – mit Vollgas im Journalisten-Wettrennen. Dort traf auch ich den Spaziergänger. Einen Familienvater, nett, er hat selbst eine Tochter. Damals ging er fast jeden Tag mit seiner Hündin Cora in dem Mischwald an der Bundesstraße 158 spazieren. Er berichtete mir, dass sie am 8. März gegen 14 Uhr plötzlich aufgeregt war. Sie schlug an und stürmte los. Der Mann ahnte gleich Böses, rannte hinterher und stand unvermittelt vor dem toten Kind.

»Ich war fix und fertig«, versuchte er unbeholfen, mir seinen Schrecken zu schildern. »Sie glauben gar nicht, wie nahe mir das geht. Meine Frau und ich haben die Suche nach dem Mädchen mitbekommen. Wir haben die verzweifelten Eltern im Fernsehen gesehen.«

Die Szenen im Wald waren bis in die Nacht gespenstisch. Es wirkte fast wie die Dreharbeiten zu einem ganz irrealen Science-Fiction-Film. Denn große Halogenscheinwerfer leuchteten den Fundort grell aus, Rechtsmediziner und Kriminaltechniker sicherten etliche Spuren. Die Experten trugen weiße Ganzkörper-Schutzanzüge. Im Kollegenkreis nennen wir sie manchmal »Außerirdische«. Dichter Nebel stieg zwischen den umstehenden Bäumen auf.

Das tote Kind wurde in die Potsdamer Rechtsmedizin gebracht. Polizisten hielten ab da zur Sicherheit das Haus von Ulrikes Eltern abgeriegelt. Niemand sollte ihre Trauer stören. Ein Einsatz, über den ich heute noch dankbar bin. Denn am Ende wäre ich, wie die Kollegen der anderen Medien natürlich auch, zur Haustür gegangen. Deshalb nennt man uns auch »Witwenschüttler«, aber davon später mehr.

Gegen 20 Uhr fuhren Ulrikes Mutter und Vater ebenfalls nach Potsdam. Sie mussten ihre Tochter identifizieren. Der leitende Oberstaatsanwalt gab anschließend bekannt, dass es sich bei dem Mädchen mit hoher Wahrscheinlichkeit um Ulrike handele. Und dass sie Verletzungen hatte, die nicht nur vom Unfall stammten.

Angefahren, vergewaltigt und erdrosselt – so starb Ulrike.

Jetzt war Genmaterial, welches der Täter auf dem Körper des Kindes hinterlassen hatte, für Vergleichsuntersuchungen vorhanden. Ein kompletter genetischer Fingerabdruck war da. Und es wurde ein neues Phantombild erstellt. Etliche Männer, die dem mutmaßlichen Täter auch nur im Entferntesten ähnlich sahen, mussten zum Test. Das und ein Vergleich mit den 90.000 Daten der bundesdeutschen Genkartei ergab jedoch nichts.

Ganz Eberswalde versank derweil in Trauer. 500 Menschen gedachten des getöteten Mädchens auf dem Marktplatz. In der Kirche nahe Ulrikes Elternhaus trafen sich 1.000 Menschen, um zu beten. Ulrikes Eltern und Großeltern kamen, Verwandte, Mitschüler, Freunde. Der damalige evangelische Landesbischof Wolfgang Huber hielt die Trauerrede. Die ermordete Schülerin wurde Mitte März auf dem Friedhof gegenüber ihrem Elternhaus beigesetzt. 800 Menschen erwiesen ihr die letzte Ehre.

Die SOKO »Finow« wurde erneut aufgestockt – auf 130 Kriminalisten. Es gab 2.800 Hinweise aus der Bevölkerung, 100 registrierte Sexualverbrecher mussten zum DNA-Test.

Noch im März, auf den Tag genau vier Wochen nach dem Verbrechen an Ulrike, gab es eine erste Festnahme. Der Mann aus Brandenburg war bereits seit 1994 in Berlin zur Fahndung ausgeschrieben – wegen sexuellen Missbrauchs. Aber er hatte ein Alibi und seine DNA passte nicht zu der des Gesuchten. Den wahren Täter fasste die Polizei dann am 28. März in Fürstenwalde. Da passte er gerade auf das Baby von Bekannten auf. Der Mann war kein notorischer Sexualtäter, sondern ein vorbestrafter 25-jähriger Autoknacker namens Stefan J. Die Polizei hatte parallel in der Autoknacker-Szene gefahndet und 1.596 gespeicherte Fingerabdrücke verglichen.

Stefan J. gestand. Er wollte Ulrike aber nur zufällig angefahren und aus Angst mitgenommen haben. Erst dann sei er auf die Idee verfallen, sich sexuell an ihr zu vergehen. Stefan J. war ein wegen Diebstahls, Einbruchs, Körperverletzung, Beleidigung und Autodiebstahls vorbestrafter Sozialhilfeempfänger. Ein Trinker, der gerne Kinder um sich hatte und im Suff auch brutal wurde. Auf den Knöcheln seiner rechten Hand war das Wort »HASS« eintätowiert.

Diesen Hass hatte jemand gesät. Sein Vater, den er nie kennenlernte? Sein Stiefvater, der ihn ungeliebt großzog? Seine Mutter, die ihm oft nicht einmal etwas zu essen gab und ihrem Mann hörig war? Sie steckte selbst Prügel ein und guckte weg, wenn der Kerl an ihrer Seite den Sohn grausam verdrosch. Nach ihrem Tod steckte der Stiefvater den damals 13-jährigen Stefan ins Heim. Das war 1989.

Stefan J. verlässt die Schule nach der sechsten Klasse. Er ist unfähig, Freundschaften zu knüpfen, fühlt sich zu kleinen Mädchen hingezogen. Da ist er der Macker, da hat er Macht. J. will angehimmelt werden. Er unterhält Brieffreundschaften mit Kindern, behauptet darin, er sei ein 13-Jähriger. Die Mädchen, mit denen er zusammenkommt, sind völlig unbedarft, anspruchslos, oft erst um die 15, 16 Jahre alt.

Seine kriminelle Karriere beginnt er Anfang der Neunzigerjahre. Darüber holt er sich Bestätigung, gibt gern mit seinen »Erfolgserlebnissen« an. 1995 landet er erstmals im Knast. 1998 erneut. Drei Jahre soll er brummen, aber da er sich dort gut führt, darf er schon nach zwei Jahren raus. Es ist bitter: Hätte Stefan J. seine gesamte Strafe bis Sommer 2001 abgesessen, Ulrike würde noch leben.

Anfang August 2001 lag die 40 Seiten starke Anklage gegen Stefan J. vor: Mord, Freiheitsberaubung und Vergewaltigung mit Todesfolge sowie Autodiebstahl und Brandstiftung. Prozess im Oktober.

Wenige Tage vor Beginn der Verhandlung fuhr ich das erste Mal seit dem traurigen Frühjahr wieder nach Eberswalde. Ulrikes Eltern wollten und konnten nicht mit mir sprechen. Ich ging zu Ulrikes Grab. Es war wie am Tag der Beisetzung immer noch mit Plüschtieren bedeckt. Liebe Briefe ihrer Freunde waren an einen Baum gepinnt. Ich ging zu der Stelle, an der Stefan J. sie umgefahren und mitgeschleppt hatte – und an den Fundort ihrer Leiche.

*

Später in der Redaktion versuchte ich, mich in Ulrikes Eltern zu versetzen. Ihr Leid in seiner ganzen Tiefe konnte ich natürlich nicht nachempfinden. Aber ich schrieb, weil das mein Beruf ist. Aus dem Herzen heraus mit der Trauer, die ich als Außenstehende fühlen konnte – und das wurde daraus:

Eine Mutter im Tal der Tränen. Jeden Tag, wenn Kerstin B. aus dem Fenster schaut, hat sie die letzte Ruhestätte ihrer Ulrike (12) vor Augen. Sie blickt auf den Friedhof, hofft, dass sie mit der Verurteilung des Mörders ihrer Tochter wieder Ruhe findet. Nächsten Mittwoch muss sich Stefan J. (25) für die bestialische Tat in Frankfurt (Oder) vor Gericht verantworten. Dann werden Kerstin und Detlev B. dem Mann, der ihnen das Kind nahm, ins Gesicht sehen.

Der Himmel strahlt blau, Herbstwind raschelt in den Bäumen, und Tau liegt feucht über dem Kindergrab. »Ulrike« steht auf dem schlichten, rosa Marmorstein, liebevoll ist alles mit bunten Herbstblumen bepflanzt. Davor liegt ein Brief, Zeilen der verzweifelten Familie für »Rike«: »Als du geboren wurdest, regnete es die ganze Nacht, nicht weil es regnen sollte, sondern weil der Himmel um seinen schönsten Stern weinte, den er verlor. Doch jetzt scheint die Sonne, weil der Himmel dich wiederhat. Aber wir hier unten vermissen dich sehr.« Jeden Tag kommen Ulrikes Freunde zu ihrem Grab. Dann sitzen die Mädchen und Jungen still auf der kleinen orangen Bank. Über 100 Kuscheltiere haben sie um einen Baum geknotet. »Ich sehe die Kinder häufig hier, hoffe, dass der Täter nie wieder rauskommt, nie mehr kleine Mädchen umbringen kann«, sagt Vera Huwe (65).

Die Zeit wirkt wie stehen geblieben in Eberswalde. Seit dem Mord an Ulrike B. blieb alles unverändert. Verblasste Plüschtiere liegen dort, wo Stefan J. die Schülerin am 22. Februar anfuhr, sie in sein Auto zerrte, entführte und so furchtbar missbrauchte. Briefe und Bilder mit Engeln sind in Folie geschweißt, liegen auf dem kleinen Blätterhügel – letzte Grüße an Ulrike in den Himmel.

»Die Kinder denken jeden Tag an sie«, sagt Bärbel S. Ihr Sohn (13) besuchte mit Ulrike die Finower Grundschule. »An ihrem letz-

Im Dezember 1990, kurz nach der Wiedervereinigung, in meinem ersten Büro in der Ostra-Allee in Dresden

Mit dieser Zeichnung wurde im Frühjahr 1991 nach Wolfgang Sch. gefahndet. Sie entstand nach der Beschreibung der Mädchen, die ihm entkamen.

1992 war ich im Fall der »Bestie von Beelitz« unterwegs. Mit der kleinen Katze auf den Schultern habe ich das Grauen für einen Moment vergessen.

Hochschwanger in der Redaktion des *Berliner Kuriers*. Ich ging auf eigenen Wunsch erst kurz vor der Entbindung in den Mutterschutz

Potsdam-Spaziergang mit *Tatort*-Komissar Günter Lamprecht und meinem Sohn Max. Mein damaliger Mann Karsten produzierte eine Fotostrecke mit dem Schauspieler.

Tagsüber Polizistin und in jeder freien Minute im Ehrenamt: 1999 im Gespräch mit einer ungewöhnlich engagierten Berliner Polizistin

Die Suche nach Ulrike B.

Die Bundeswehr schickt ein Aufklärungsflugzeug

Die Helfer suchen nach Ulrikes Leiche

Ein Hubschrauber mit Wärmebildkameras

Die Polizei auf dem Weg zum Tatort

Spurensuche im Schnee

Ein Polizist verteilt Handzettel mit dem Fahndungsaufruf nach Ulrike

Ein nach Stunden erschöpfter Polizist

Erinnerung an Ulrike an der Stelle, an der sie ins Auto gezerrt wurde

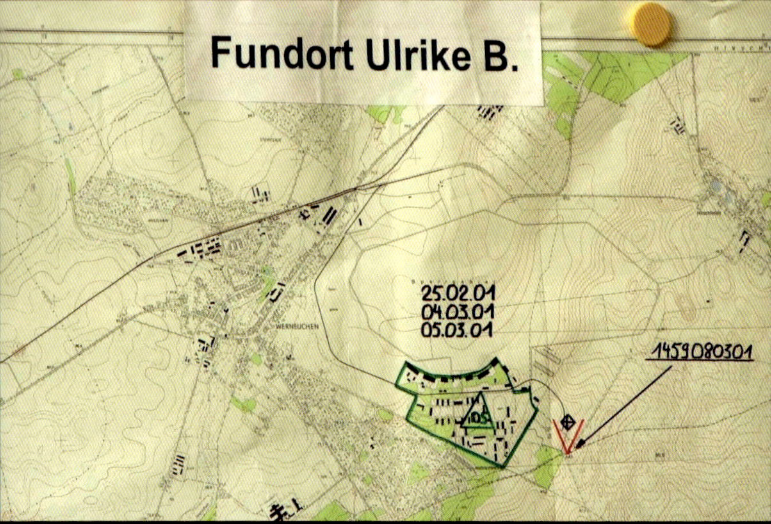

Fundort Ulrike B.

25.02.01
04.03.01
05.03.01

1459080301

Fundort des toten Kindes

Nachbarskinder trauern um ihre Freundin

ten Schultag gingen die Mädchen und Jungen zum Friedhof, blieben anderthalb Stunden am Grab. Jetzt überlegen sie schon, was sie zu Rikes Geburtstag im Dezember machen.« Ulrike hätte wie viele von ihnen jetzt das Gymnasium besucht. »Sie war eine gute Schülerin.« Auch an dem Elternhaus des so brutal ermordeten Mädchens hat sich nichts verändert. Ein kleiner Haufen mit Steinen für die Auffahrt ist seit acht Monaten unberührt. »Die Familie leidet, wirkt wie gelähmt. Sie machen nur noch das Nötigste im Garten«, sagt eine Anwohnerin.

Kerstin und Detlev B. verlassen nur noch am Abend das Haus, wollen von niemandem angesprochen werden. »Der Pfarrer kümmert sich sehr um sie. Ich wünsche mir, dass der Täter eine gerechte Strafe bekommt«, sagt eine Nachbarin. Ein anderer Anwohner (zwei Söhne) befürchtet, Stefan J. könnte sich im Prozess herausreden: »Bestimmt wieder so ein armes Opfer der Gesellschaft. Dann kommt er irgendwann frei und tut es wieder.«

Und was macht Stefan J., der laut Gutachten voll schuldfähig ist? Der mehrfach vorbestrafte Autoknacker sitzt in seiner Zelle im Sicherheitstrakt der JVA Cottbus und schreibt Gedichte, träumt von einem Urlaub, liest Sportmagazine und nutzt nur selten den Ausgang im Hof.

Reden fällt Stefan J. schwer. In den Vernehmungen der Polizei hat er nur zögernd den Mord an Ulrike gestanden. »Wir mussten ihm alles aus der Nase ziehen«, sagt ein Ermittler.

Um im Prozess Richterin Jutta Hecht Rede und Antwort zu stehen, hat sein Anwalt mit ihm geübt, studierte schriftlich mit Stefan J. sein Frage-und-Antwort-Spiel ein.

Ulrikes Eltern hoffen auf Gerechtigkeit, deshalb haben sie Berlins prominentesten Anwalt engagiert. PDS-Spitzenkandidat Gregor Gysi führt die Nebenklage in dem Prozess gegen den kaltschnäuzigen Kindesmörder. (Berliner Kurier, 7. Oktober 2001)

Am 10. Oktober, einem strahlenden Sonnentag, nahm ich in der Früh den Zug vom Alexanderplatz nach Frankfurt (Oder) zum dortigen Landgericht. Ich war aufgeregt. Ulrikes Eltern saßen nur wenige Meter von mir entfernt – und auch Ulrikes Mörder. Während der Anklageverlesung notierte ich mir jedes Detail, beobachtete Eltern und Täter, ihre Blicke und wie sie reagierten. Ich sprach mit ihrem Anwalt Dr. Gregor Gysi. Um sie selbst anzusprechen, habe ich mich zu sehr geschämt.

Es war schließlich der Tag, vor dem sie sich so gefürchtet hatten. Kerstin B. meisterte ihn stark und gefasst. Der Prozess gegen den Mörder ihrer Tochter, Stefan J. (25), begann unter scharfen Sicherheitsvorkehrungen – mit Personenkontrollen. Handys durften nicht mit in den Gerichtssaal genommen werden. Journalisten und Zuschauer wuselten durcheinander. Auch ich war angespannt. Dann kam er: Jeans, weißes Hemd, Turnschuhe – blass sah er aus, dieser Stefan J. An Händen und Füßen gefesselt, führten ihn Punkt 9.15 Uhr vier Justizbeamte in den Saal 488. Sein Gesicht hielt er starr zu Boden gerichtet. Er trippelte zu seinem Stuhl. Ein jämmerliches Bild gab er ab. Er traute sich nicht, den Kopf zu heben. Denn dann hätte er der Mutter seines Opfers in die Augen blicken müssen.

Auch als Staatsanwältin Anette Bargenda die Anklage verlas, schien der mehrfach vorbestrafte Autoknacker teilnahmslos. Als hätte der Schrecken nicht stattgefunden, als hätte es den 22. Februar 2001 nicht gegeben.

Die Staatsanwältin schilderte das Verbrechen in der Anklage so: »Der Angeklagte kollidierte um 15.40 Uhr mit Ulrike. Er stieg aus, legte seinen Arm um ihren Hals, stieß sie auf den Beifahrersitz des Polos. Dann verriegelte er die Tür, riss während der einstündigen Fahrt nach Werneuchen den Knopf ab.«

J. kannte sich in der Gegend um Ulrikes Zuhause aus. Einen Teil seiner Kindheit hatte er nach dem Krebstod seiner Mutter in Heimen in Eberswalde, Bernau und Werneuchen verbracht.

Anette Bargenda las weiter: »Gegen 17 Uhr war er dort, zerrte Ulrike ins Freie und vergewaltigte sie.«

Die Qualen des Mädchens waren unerträglich. Nackt auf einer Decke liegend, muss Ulrike vor Schmerzen geschrien haben, beschrieb die Staatsanwältin die erlittene Tortur des Mädchens.

Anette Bargenda führte aus: »Er fügte dem Kind dabei erhebliche Verletzungen zu.« Anschließend nahm er sie wieder mit zum Wagen. »Er fesselte Ulrike mit Heftpflaster, zog einen Schal, den sie um den Hals trug, kräftig zu und erdrosselte das Kind – aus Angst vor Bestrafung.«

Kerstin B. und ihrem Mann Detlev standen bei der Schilderung der Qualen ihrer Tochter Tränen in den Augen. Ihr Anwalt, Gregor Gysi, flüsterte ihnen beruhigende Worte zu.

»Die Akten sind das Schlimmste, was ich je gelesen habe«, sagte Gregor Gysi zu mir. In langen Gesprächen hatte er die Eltern auf die Verhandlung vorbereitet. »Sie haben ihren Weg gefunden, damit fertig zu werden. Der Prozess ist ihnen wichtig, denn das ist das Einzige, was sie noch für Ulrike tun können.«

Stefan J. wollte zur Tat nur unter Ausschluss der Öffentlichkeit aussagen. Am späten Nachmittag musste der Prozess abgebrochen werden. Stefan J. fühlte sich überanstrengt, klagte über Kopfschmerzen.

Am 20. November 2001 fiel das Urteil gegen J. – nach sechs endlos erscheinenden Verhandlungswochen. Lebenslänglich! Die von Gregor Gysi in seinem Plädoyer geforderte Sicherungsverwahrung wurde nicht verhängt.

»Die Strafe kann in diesem Fall nur richtig sein – nicht gerecht«, sagte Gregor Gysi.

Stefan J. legte Revision dagegen ein – ohne Erfolg. Doch die Entlassung naht bereits. Lebenslängliche werden in regelmäßigen Abständen psychiatrisch begutachtet; fällt das positiv aus, kommen auch sie wieder raus. Bei Stefan J. könnte das in naher Zukunft der Fall sein.

16
Georgine K.

Die Eltern vieler ermordeter Kinder haben ein Grab, an dem sie Abschied nehmen konnten. Einen festen Ort, den sie besuchen und an dem sie beten können. Manche Mörder werden verurteilt. Das kann eine Genugtuung für die Eltern der Opfer sein. Ein schwacher Trost, der ein inneres Loslassen etwas leichter macht. All das gab und gibt es für die Mutter von Georgine bis heute nicht.

Georgine K. verschwand am 25. September 2006. Ein Montag. Der erste Schultag nach den Ferien. Sie war wunderschön und erst 14 Jahre alt. Sie lebte mit Mutter und Großmutter in einem Neubau in Moabit. Ein äußerst liebevolles Heim hatte sie dort.

Um 6.30 Uhr stand das Mädchen an diesem Tag auf. Sie hörte noch eine ihrer geliebten Bollywood-CDs. Kurz nach sieben Uhr packte Georgine ihre Stullen ein, holte sich einen Eistee, schnappte die Schultasche und ging zur Haltestelle Perleberger/Ecke Stendaler Straße. Mit dem Bus fuhr sie zur Wartburg-Schule in der Zwinglistraße. Ein Schultag wie jeder andere, ein kleiner Streit mit einer Mitschülerin in der Pause. Da war nichts Besonderes. Mittags fuhr Georgine heim. Sie nahm wieder den Bus der Linie M27 und rief auf der Fahrt mit ihrem Handy eine Freundin an, bevor sie um 13.45 Uhr in der Perleberger Straße ausstieg. Nur 200 Meter von dort entfernt wohnte Georgine. 200 Meter, auf denen das Mädchen auf bis heute unerklärliche Weise verschwand.

Eine Stunde später standen zwei Freunde vor ihrer Wohnungstür. Sie wollten Gina – so ihr Kosename – abholen. Bei ihrer Oma (67), die ihnen öffnete, klingelten gleich die Alarmglocken. Gina war nie zu Hause angekommen.

Vier Tage später saß ich bei der Familie auf dem Sofa, und sie versuchte, sich jedes Detail des Tages wieder in Erinnerung zu bringen.

Die Großmutter sagte: »Ich rief anschließend viele ihrer Freunde an. Aber niemand hatte Gina gesehen.«

Eine Situation, mit der die nette alte Dame völlig überfordert war. Statt sofort die Polizei zu rufen, wartete sie, bis ihre Tochter – Ginas Mutter – abends von der Arbeit kam. Da war es bereits 20.30 Uhr und Gina war seit sechseinhalb Stunden verschwunden. Mutter Vesna (41) benachrichtigte ihren getrennt lebenden Exmann Mike und telefonierte als Nächstes die Klassenliste ab. Ohne damit irgendetwas zu erreichen. Dann rief sie die Polizei.

Gina war keine Ausreißerin. Das stand von vornherein fest. Und gerade zu der Zeit wegzulaufen wäre für sie undenkbar gewesen. Gina hatte kürzlich bei einem Casting für die ARD-Vorabendserie *Türkisch für Anfänger* mitgemacht.

»Freitag bekam sie die Zusage für eine Rolle in der 2. Staffel«, sagte ihre Mutter.

Vielleicht war ja genau dieser Antwortbrief ein Fake, ein Mittel zum Zweck, mit dem jemand, der von dem Casting wusste, Gina an ihrem ersten Schultag in sein Auto lockte.

Die Polizei fuhr schweres Geschütz auf. Hundertschaften kontrollierten die Wege, die Gina zuvor gegangen war – mit Spürhunden. Sie sprachen mit Hunderten Menschen in der Buslinie, auf den Straßen. Sie zeigten überall Ginas Bild.

Bis allerdings die breite Öffentlichkeit vom mysteriösen Verschwinden des Schulmädchens erfuhr, vergingen einige Tage. Eher zufällig verbreitete sich die Nachricht, als Taucher im Moabiter Hafen eine Leiche suchten – eine Meldung im Polizeifunk, die ihren Weg in die Redaktionen fand.

»Bitte, gebt mir mein Mädchen zurück«, flehte Mutter Vesna in den folgenden Tagen unaufhörlich unter Tränen vor Fotografen und laufenden Fernsehkameras.

Eine kleine und doch so starke Frau, die gemeinsam mit Ginas Bruder Tomislav die Polizei unermüdlich bei den Ermittlungen unterstützte. Jedes Detail haben sie aus der Erinnerung herausgekramt, mochte es noch so belanglos sein. Tomislav – er hing sehr an seiner Schwester – erzählte von deren einwöchigem Besuch bei ihm. Und davon, dass sie bei ihm auf dem Computer gechattet hatte. Er brachte der Polizei sogar den PC und nannte den Beamten alle Namen von »Ginas Leuten«, die auch er kannte. Die Polizei sprach mit den Jugendlichen – ergebnislos. Darunter war auch Ginas Exfreund, von dem sie sich am Wochenende vor ihrem Verschwinden getrennt hatte.

Inzwischen war die Mordkommission an dem Fall dran. Es gab immer wieder neue Großsuchen – in Kellern, auf Dachböden. Die Polizei fertigte sogar ein Plakat an, das Gina in Lebensgröße (1,65 Meter) zeigt und auf dem sie die Kleider vom Tag ihres Verschwindens trägt. Sie checkte Ginas Handydaten mit dem Ergebnis, dass es seit dem Telefonat mit der Freundin im Bus ausgeschaltet gewesen war.

Bald wurde es ruhiger um die vermisste Gina. Neue Fälle überlagerten ihr Schicksal in der Berichterstattung und der öffentlichen Wahrnehmung. Darunter war der Fall der entführten Österreicherin Natascha Kampusch, die wie Gina vom Schulweg verschleppt und acht Jahre gefangen gehalten worden war. Sie hatte eine spektakuläre Flucht in die Freiheit gewagt, über die die Welt monatelang sprach. Ginas Mutter Vesna schöpfte daraus, so überraschend es zunächst klingen mag, Hoffnung für ihr Kind. Die Hoffnung, dass ihre Kleine auch entführt und gefangen gehalten wurde. Gefangen heißt: nicht getötet.

»Vielleicht geriet sie einfach an den Falschen und kommt auch zurück«, sagte sie mir bei einem Besuch Anfang Dezember 2006.

Vesna strahlte dabei so viel Überzeugung und frohe Erwartung aus. Sie glaubte ganz fest daran, dass ihre Tochter wieder auftauchen würde. Daran war nicht zu rütteln. Vesna hatte sich deshalb sogar mit Brigitta Sirny (55), der Mutter von Natascha Kampusch, getroffen.

»Wir hatten ein gutes Gespräch. Aus dem Besuch von Brigitta konnte ich neue Kraft schöpfen. Jetzt hoffe ich darauf, dass auch ich eines Tages das unbeschreibliche Glück habe, Gina wieder in die Arme schließen zu dürfen.«

Ginas Zimmer ließ sie daher unberührt seit dem Tag ihres Verschwindens.

Sie sagte mir: »Ich kann nicht anders.«

An der Wand standen immer noch die rosafarbenen Glitzer-Sandaletten und in einer Tasche neben dem Schreibtisch lag ein knappes weißes Pailletten-Oberteil.

»Das sind die Kleider, die Gina immer trägt, wenn sie am Abend vor ihrem großen Spiegel zu ihren geliebten Bollywood-CDs Bauchtanz übt. Das kann sie richtig gut.«

Ginas Familie ist kroatischer Herkunft und sehr christlich. Die Adventszeit, der Heiligabend und Weihnachten haben eine tiefe Bedeutung für sie. Auf dem Tisch vor dem Sofa stand ein Adventskalender.

»Gina mag die Schokolade so gerne. Ich habe ihr auch einen Nikolaus gekauft.«

Sogar den Weihnachtseinkauf hatte die verzweifelte Mutter in Planung, war dabei gleichzeitig aber unsicher:

»Eigentlich sollte Gina einen Computer bekommen. Den kaufe ich aber lieber mit ihr zusammen, wenn sie wieder da ist. Sie hat sicher eigene Vorstellungen.«

Den Worten war anzumerken, welche Gedanken die arme Frau tatsächlich quälten. Sie versuchte, sich vor mir nichts anmerken zu lassen. Stattdessen holte sie ein Fotoalbum hervor. Diese Momente gehören für mich immer zu den schlimmsten – einen Blick in die Vergangenheit von Menschen zu werfen, die Opfer eines Verbrechens wurden.

Gina als kleines Mädchen. So schön keck, mit einer Polizeimütze auf dem Kopf – ein Besuch im Sommer 1995 auf dem Polizeiabschnitt 55 in Berlin-Neukölln.

»Da war sie mit ihrer Kinderfrau«, erzählte die Mutter völlig versunken in ihren Gedanken. »Und hier, ihre Kommunion! War das nicht ein tolles Kleid? Meine Gina ist sehr gläubig.«

Vesna K. sprach, plapperte und lächelte unaufhörlich. Sie wirkte so gelöst, wenn sie in dem dicken Bilderstapel mit den Fotos ihrer Tochter blätterte. Dann verschwanden auch die tiefen Sorgenfalten, die sich in den letzten Wochen unter ihre Augen eingegraben hatten. Ihre Wangen glühten regelrecht und ihre ständige Angst um Gina verschwand.

»Hier, schauen Sie mal, auf diesem Bild! Sieht meine Kleine nicht schon fast aus wie eine Frau?«

Das Foto zeigte einen unbeschwerten Teenager, bauchfrei tanzend in einem See. Gina spielte mit einem Tuch. Um ehrlich zu sein: Sie wirkte wie eine Kindfrau voller Erotik. Ich hatte einen dicken Kloß im Hals, dachte an männliches Begehren, das so hervorgelockt werden könnte.

»Das hat eine Freundin vor zwei Jahren aufgenommen, da lebten wir noch in Niedersachsen.«

Das nächste Foto zeigte Gina mit einer anderen Freundin und ihrer Schwester Michelle (damals sechs). Lachende Kinder. Es stammte von Silvester 2005/2006.

Vesna erzählte mir auch von Ginas fixer Idee. Seit der Trennung ihrer Eltern 1997 sehnte sie sich nach einer starken Schulter zum Anlehnen. Vater Mike fehlte ihr sehr. Seither suchte sie Ersatz, wollte ihre Mutter verkuppeln, besessen von dem Gedanken, einen Papa für sich und die Geschwister zu finden.

Das ungeklärte Verschwinden der großen Schwester wurde für Michelle, das Nesthäkchen der Familie, zum Trauma. Sie litt, aber sie sprach nicht darüber. Nur beim Spielen, wenn sie sich unbeobachtet fühlte, sang das kleine Mädchen immer wieder dasselbe Lied. »Schwesterchen, wo bist du? Warum hast du mich allein gelassen …?« Als mir Vesna davon berichtete, rollten nicht nur bei ihr die Tränen.

»Schon der Gedanke an diese Momente macht mich völlig fertig, ich nehme Michelle dann immer ganz fest in den Arm.«

Georgines großer Bruder, Tommy (22), kam mit dem Loch, das in sein Leben gerissen wurde, auch nicht klar.

»Bei ihm dachte ich immer, der packt das. Er wirkt doch so stark. Aber vor Kurzem wurde er unzuverlässig, ging nicht mehr zur Schule und verschlief ständig. Da haben wir viel geredet. Jetzt geht es wieder.«

Für Michelle und Tommy musste Vesna bei aller Traurigkeit stark bleiben.

*

Ein Jahr verging ohne ein Lebenszeichen von Gina. Ein Jahr, in dem die Familie fast verstummte: Still wurden die Abende im Wohnzimmer, wo die Glotze flimmerte und es einen Grund zum Schweigen gab. Eine unerträgliche Ruhe hatte sich in der früher so lauten, mit Kinderlachen erfüllten Wohnung breitgemacht. Alles schien bestimmt von der Angst, über die niemand mehr sprechen wollte. Die Familie schwieg von ihren Befürchtungen, damit sie nicht wahr werden würden.

In diesen zwölf Monaten war Vesna um Jahre gealtert. Verhärmt und mit tiefdunklen Augenringen saß sie neben mir. Ihr Gesicht war von Sorgenfalten zerfurcht. Die Polizei hatte nach dem Mädchen gesucht. Ginas Vater, Bruder und die Freunde hatten gesucht. Mutter Vesna wurde nicht müde, die 200 schicksalhaften Meter zwischen ihrer Wohnung und der Stendaler Straße abzugehen – der Bushaltestelle, an der Gina am 25. September 2006 um 13.45 Uhr aus dem Wagen der Line M27 gestiegen war. Der Kneipier, der Inhaber des Gemüseladens, die Leute vom türkischen Kulturverein und der Musikschule: Alle hatte die Polizei mehrfach befragt. Es schien wie in einem dieser Mystery-Filme, in denen Menschen weggehen und dabei unsichtbar werden. Zurückblickend war die

Fahndung nach Gina eine der größten Suchaktionen der Berliner Polizei innerhalb der letzten zehn Jahre.

Ginas Mutter hatte mit der Zeit einen furchtbaren Tick entwickelt, mit dem sie sich selbst zermürbte. Sie wählte alle paar Tage die Handynummer ihres Kindes – natürlich blieb es stumm. Für sie war es, als würde das letzte Band zerreißen, sobald sie damit aufhören würde. Die Großmutter hockte wie auf der Lauer in der Wohnung, horchte jeden Mittag, ob Ginas Schlüssel nicht doch in der Tür klapperte. Der Zustand von Schwesterchen Michelle wurde besorgniserregend. Sie klebte sich eines Tages den Mund mit Pflaster zu, weigerte sich zu reden. Ginas Familie stand am Rande eines Abgrunds. Und ich schrieb und schrieb und schrieb ... Mit dem Gefühl, die Leser mit einer mitreißenden Geschichte zu unterhalten, und einem gewissen Selbsthass wegen des Ausschlachtens dieses ungeheuren Leids. Trotzdem ist es besser, über ein vermisstes Kind zu schreiben und sein Foto immer wieder zu veröffentlichen, als zu schweigen – und zu vergessen.

Mitte Mai 2009 entschloss sich die Mordkommission im Fall Georgine zu einer bis dahin ungewöhnlichen Suchmethode, dem Mantrailing. Hunde, vorzugsweise die verspielten, lernen, den Geruch kleinster Hautpartikel über weite Strecken zu verfolgen. Da es in Berlin 2009 keine Mantrailing-Hunde gab, wurden sie aus Düsseldorf geholt.

Die Suchaktion fand im Brandenburgischen statt – speziell an der Schleuse Birkenwerder, an einer Autobahnzufahrt zum Berliner Ring und am leer stehenden Schloss Dammsmühle. Zu der Zeit von Ginas Verschwinden war dieses Waldschloss, ein ehemaliges Gästehaus der Stasi, ein berüchtigter Partyort für junge Berliner. Techno- und Rockkonzerte, auch Motorradtreffen gab es da. Einem späten Hinweis zufolge hatte man die Moabiter Schülerin dort gesehen.

Die Tiere verfolgten eine mehrere Kilometer lange Spur vom Schloss und den Nebengebäuden aus, stundenlang durch völlig versumpftes Gelände. Ich hatte zufällig Wind davon bekommen.

Jemand aus Ermittlerkreisen hatte sich verquatscht und ich schickte einen Fotokollegen in die Spur. Er fotografierte mehrere Tage unbemerkt die Suche, die leider auch vergebens blieb.

Im Jahr 2009 habe ich noch ein letztes Mal mit Ginas Mutter telefoniert. Die Wohnung in Moabit hatte sie inzwischen aufgegeben und wohnte in Treptow. Zu mir sagte sie nur, dass sie nicht mehr darüber reden will – und kann. Heute lebt sie nicht einmal mehr in Berlin.

Auf Facebook erinnert inzwischen eine Seite an die vermisste Schülerin. Ihre Schwester Michelle hat sie am 2. August 2010 online gestellt. Die Website heißt »Deutschland sucht Georgine«.

17
Andrea St.

Ein vergessener Mädchenmord brachte mich im Jahr 2011 wieder zu den Anfängen meiner Zeit als Polizeireporterin zurück. Im Mai 1991 wurde Andrea St. (15) ermordet. Die Erstmeldung, nach der sie angeblich am 14. Mai aus einem Kinderheim in Neubrandenburg weggelaufen war, musste ich etliche Male neu schreiben, bevor der Text gedruckt werden konnte. Genauso erging es mir mit der zweiten Meldung über den Fund ihrer Leiche im Norden Brandenburgs fünf Tage darauf. Mir fehlte noch die boulevardeske Dramatik.

»Du musst immer wieder ihren Namen betonen«, riet mir der Kollege, der beim Verfassen des Textes neben mir stand. Er wollte mir auf die Sprünge helfen.

Jungen Journalisten etwas beizubringen, war ein Luxus, den sich Redaktionen damals noch erlaubten. Heute fehlt dazu meist die Zeit. In ausgedünnten, leergesparten Zeitungshäusern werden schlechte Texte oft ohne Erklärung einfach umgeschrieben – oder trotz ihrer Mängel gedruckt.

*

Andrea war äußerlich kein Kind mehr, als das Schicksal zuschlug, sondern schon eine schöne junge Frau. Den Beschreibungen nach etwas wild, mit einem eigenen Kopf – das war Andrea. Am Sonntag, den 19. Mai 1991 entdeckten Spaziergänger ihre Leiche in einem Waldstück nahe Gramzow. Vergewaltigt und nackt. Ihr Mörder hatte sie erwürgt.

Um es kurz zu machen: Die Suche nach dem Täter verlief sich rasch. Die Mordermittlungen gingen zwar im Stillen weiter, dümpelten aber vor sich hin – jahrzehntelang. Der Fall Andrea schien unter einem Berg unerledigter Akten zu verschwinden und vergessen zu werden. Ein »Cold Case«, der nur routinemäßig immer mal wieder hervorgeholt wird.

Anfang 2000 war bei einer erneuten Untersuchung der am Tatort sichergestellten Spuren eine DNA-Spur von einem gefundenen Taschentuch gesichert worden. Wie bei allen anderen offenen Fällen wurde dieser sogenannte genetische Fingerabdruck des Täters immer wieder mit den gespeicherten Daten der bundesweiten Gendatei verglichen. Diese Datei gibt es seit dem 17. April 1998. Sie wächst mit den Jahren – und den Taten. Beim Mord an Andrea hatte die Polizei es aber wieder einmal mit einem Täter zu tun, der nicht registriert, also bisher nicht straffällig geworden war. Erneut vergingen Jahre.

Im März 2011 entschloss sich die Staatsanwaltschaft – für uns in der Redaktion recht überraschend –, zu einem der bis dahin größten Massen-Gentests in Brandenburg aufzurufen. Ein erster Test mit 700 Männern war einige Zeit zuvor bereits erfolglos geblieben. Nun sollten 2.300 Männer aus der Uckermark, die zur Tatzeit im Alter von 18 bis 65 Jahren gewesen waren und in einem Umkreis von 40 Kilometern um den Fundort der Leiche lebten, ihre Speichelprobe abgeben. Jedem von ihnen flatterte die Aufforderung dazu per Post in den Briefkasten.

*

Manuela, Andreas ältere Schwester, rief mich nach dem Beschluss der Staatsanwaltschaft in der Redaktion an. Es war das erste Mal, dass sie mit jemandem über den Mord sprechen wollte. Eigentlich wäre es meine Aufgabe gewesen, zu ihr hinzufahren, ihr gegenüberzusitzen und mit ihr zu reden. Doch ich konnte plötzlich einfach nicht mehr und begann, schon während des Telefonats zu zittern. Angst stieg in mir hoch – allein bei der Vorstellung, dass ich das jetzt tun muss. Es war eine der ersten schlimmen Panikattacken, die mich von da an in immer kürzeren Abständen heimsuchten.

Unerträglich auch für Kollegen war, dass ich damals oft die Beherrschung verlor. Ich kreischte bei Streit regelrecht hysterisch herum. Oder, was mir unendlich peinlich war, brach grundlos in Tränen aus. Dass das so nicht weitergehen konnte, war mir durchaus bewusst. Das »Mitweinenkönnen« hatte mich erst zur Polizeireporterin gemacht. Das Hineintauchen in die tragischen Schicksale und meine emotionale Anteilnahme hatten Vorgesetzte als Talent betrachtet. Das bedeutete aber auch: Ich hatte jahrelang alles an mich herangelassen. Jetzt bekam ich die Quittung. Ich war verzweifelt und ratlos.

Mein Mann und Kollege, Mike, fuhr für mich zu Andreas Schwester. Ich recherchierte vom Büro aus mit und wir schrieben gemeinsam unseren Beitrag. Er erschien am 9. März 2011:

Mit zittrigen Händen greift Manuela St. (40) nach den Fotos ihrer ermordeten Schwester. Sie kann noch nicht fassen, dass die Polizei den ungelösten Fall neu aufrollt – nach 20 Jahren. Die Leiche der geschändeten Andrea (15) wurde im Mai 1991 bei Gramzow gefunden. Ihre Schwester hofft, dass der Täter jetzt mit der neuen DNA-Spur ins Netz geht.

»Ich habe mir immer selbst die Schuld gegeben«, sagt Manuela St. leise. Es sind erdrückende Gedanken, mit denen sie sich die ganze Zeit über quälte. Was wäre geschehen, wenn sie die Verabredung mit ihrer kleinen Schwester damals nicht abgesagt hätte. »Andrea wollte mich besuchen, aber meine Tochter war krank«, sagt Manuela mit traurigem Blick. Die damals 20-Jährige hatte es immer als ihre Pflicht empfunden, die jüngste von vier Schwestern zu beschützen. Vor allem, wenn der verhasste Stiefvater wieder soff, schrie – und prügelte.

Andrea lebte längst in einem Neubrandenburger Kinderheim, als sie am 14. Mai 1991 ausriss. Fünf Tage später fand ein Spaziergänger ihre nackte, grausam zugerichtete Leiche in einem Waldstück. Manuela: »Ich dachte sofort an einen Täter aus der Familie oder dem

Freundeskreis.« Andrea hatte damals junge Leute aus der Punk- und Grufti-Szene kennen gelernt. Die Schwester sagt: »Andrea war trotz harter Kindheit sehr lebensfroh.«

Nach dem Mord ermittelte die Polizei fieberhaft – aber vergeblich. Sogar ein DNA-Massentest einige Jahre später führte zu nichts. Dennoch ist Manuela überzeugt: »Wer Andrea in das Waldstück brachte, muss sich gut in der Gegend auskennen. Und sie wäre nie bei Fremden ins Auto gestiegen!«

Jetzt fand die Polizei eine neue DNA-Spur an einem Taschentuch vom Tatort. Sie will mit einem Gen-Test an 2300 Männern wieder nach dem Mörder suchen (KURIER berichtete). Manuela: »Seit mir die Kripo das erzählte, hab ich keine Ruhe mehr.«

Mit Mike gemeinsam zu arbeiten, macht Spaß, keine Frage. Aber das konnte und kann auf Dauer für mich nicht die Lösung sein. Eine Zeit lang machte ich aber noch so weiter.

Im Herbst 2011 war der Massen-Gentest immer noch nicht abgeschlossen. 2.058 Männer aus der Region Gramzow-Gerswalde hatten bis Anfang September ihre Speichelprobe abgegeben. 175 kamen nicht. Die Polizei schrieb sie erneut an. Abermals fehlten einige. Die Ermittler blieben hartnäckig. Knapp 100 Männer bekamen im Oktober Post von der Polizei, dann auch von der Staatsanwaltschaft. Diesmal waren es nur noch einige wenige, die sich drückten.

Während die Auswertungen der Proben noch liefen, rollte auch das Fernsehen den Mord an Andrea und die aufwendige Jagd nach dem Mörder auf. Mitte Dezember berichtete die Sendung *Aktenzeichen XY ... ungelöst* darüber, anschließend ein regionaler Sender. Es vergingen fast vier Monate.

Für mich persönlich war es eine Zeit, in der sich mein Leben veränderte: Ich stand endgültig an der Wand, in einer Sackgasse. Es gab kein Weiterkommen. Es sei denn, ich würde meine Arbeit hinschmeißen. Das war aber, wie schon gesagt, völlig undenkbar und hätte mich nicht nach vorn gebracht. Eher das Gegenteil, daran wäre ich zugrunde gegangen. Schon pervers, wenn sich jemand so sehr über seinen Job definiert wie ich. Mein Hausarzt hatte mich jahrelang gedrängt, zum Psychiater zu gehen, mit den Worten: »Es liegt an Ihrer Vergangenheit und Ihrem Beruf. Da helfen nur starke Medikamente.«

Ich war endlich seinem Rat gefolgt und bin seitdem – locker gesagt – auf Pille. Ich nehme jetzt dauerhaft ein starkes Antidepressivum und werde es wohl immer nehmen müssen. Ein kleines Übel, wenn ich bedenke, wie viele Jahre ich mich gequält habe. Und wie viel Lebensqualität ich dadurch zurückbekommen habe. Auch auf meine Arbeit hat sich das ausgewirkt: Ich bin leistungsfähiger und kreativer als je zuvor.

*

Im März 2012 wurde der Sexualmord an Andrea schließlich aufgeklärt. 21 Jahre hatten die Angehörigen des toten Mädchens bis dahin mit dem Wissen gelebt, dass der Mörder frei ist. Dass er sein Leben lebt, vielleicht eine Familie, sogar Kinder hat.

»Ich kann das Gefühl kaum beschreiben. Wir sind unsagbar glücklich, dass der Mord an meiner Schwester Andrea abgeschlossen ist«, sagte mir Michaela, Andreas andere ältere Schwester. Sie rief mich gleich an, als sie die Nachricht bekam. »21 Jahre des täglichen Wartens haben sich gelohnt.« Gemeinsam mit Polizei, Staatsanwaltschaft und Presse konnte der Täter aufgespürt werden.

Hier war es wirklich die Presse, die den Mord aufklärte. Der Täter war ein mittlerweile 63-jähriger Schäfer. Er entzog sich allerdings mit seinem Selbstmord feige der Gerechtigkeit – einer wahrscheinlich lebenslangen Haft. Noch im Dezember, zwei Tage nachdem er eine Reportage über sein Verbrechen im Fernsehen gesehen hatte, brachte er sich um. Gunnar D. hinterließ einen Brief mit seinem Geständnis.

»Ich unterziehe mich selbst der größten Strafe«, schrieb der Vater zweier Töchter und zweier Söhne in seinem Abschiedsbrief, den

Polizisten später in seinem Wagen an der Bahnstrecke Berlin-Bernau fanden. Seine Frau lag zu diesem Zeitpunkt im Krankenhaus.

Gunnar D. wusste nicht mehr genau, wo er damals die hübsche Tramperin Andrea stehen sah. Aber er ließ sie überaus gern in seinen Wagen steigen. An das, was dann geschah, wollte er keine genaue Erinnerung mehr haben. Er äußerte sich in seinem schriftlichen Geständnis nur vage darüber, sprach nicht von Mord, sondern einer Tötung.

»... es kam zu einem sexuellen Kontakt ... mich packte der Ekel ... ich habe mich abgewandt ...«

Sofort hinausposaunen konnten die Ermittler im Dezember aber noch nichts. Erst mussten sie alle Angaben aus seinem Brief überprüfen. Da hakte es auch schon: Gunnar D. hatte den bis dahin auch den Ermittlern unbekannten Ort seiner Gräueltat (nahe Steinhöfel) nicht genau beschrieben. In seinem Brief hatte er den Ort Günterberg bei Greiffenberg als Tatort genannt. Nach einer groß angelegten Suche fanden Polizisten im nahen Umkreis doch noch die passenden Spuren – nach so langer Zeit. Diese Bodenproben vom Tatort ergaben eine vollständige Übereinstimmung mit den Erdresten an der vor fast 21 Jahren gefundenen Leiche. Damals waren am Körper des Mädchens auch blaue Farbpartikel gefunden worden. Von einem Lack, der in der Autoindustrie der DDR benutzt wurde. Gunnar D. fuhr zur Tatzeit einen hellblauen Wartburg. Wichtige Indizien, denn der sofortige Test mit Gunnar D.s DNA und der an der Leiche gesicherten Sekretspur hatte zu keinem eindeutigen Treffer geführt. Lediglich die Blutgruppe stimmte überein.

»Nach Auswertung des Briefes, psychologischen Gutachten und der nochmaligen Analyse aller Spuren kommen wir zu dem Schluss, dass es sich tatsächlich um den Täter handelt«, erklärte im März der Chef der 5. Mordkommission beim Landeskriminalamt (LKA) Eberswalde, Axel Hetke.

Genau wie es Andreas Schwester Manuela St. die ganze Zeit über schon vermutet hatte, stammte der Mörder tatsächlich aus der

Gegend des Verbrechens. Gunnar D. wuchs in der Region Gerswalde (Uckermark) auf und kannte die Ecke wie seine Westentasche. Er war allerdings vor der Tat im Frühjahr 1989 in den Landkreis Barnim umgezogen. Deshalb hatte ihn die Staatsanwaltschaft auch nicht zu dem Gentest im März 2011 geladen. Vermutlich wäre der Mörder Andreas nie ermittelt worden, hätte er sich nicht selbst gerichtet.

Wir begaben uns auf Spurensuche ins Dorf des »Mord-Schäfers« am nördlichen Rande Berlins. Dort galt Gunnar D. als freundlicher Mitbürger und Familienvater. Ein seltsames Örtchen mit Häusern, die wie zu DDR-Zeiten grau waren, und wo die Straße immer noch ein wenig holprig war. 180 Menschen lebten zu der Zeit dort. Es schien schon ein wenig, als wäre die Zeit seit der Wende stehen geblieben. Dort war Gunnar D. all die Jahre offenbar glücklich. 21 Jahre lang. Eine Zeit, die er seinem Opfer Andrea mit seiner Tat genommen hatte. Noch heute könnte sie leben.

Ein schwarzer Hund bellte vor einem zweistöckigen Haus mit roten Dachschindeln an der Dorfstraße. Auf dem Grundstück war niemand zu sehen. Die linke Haushälfte gehörte der Familie von Gunnar D. Hinten im Garten standen ein paar Ställe, in denen der ehemalige Schafscherer Hühner und Gänse gehalten hatte. Seine Frau Sybille D. lebte dort noch mit ihrem jüngsten Sohn. Das Paar hatte insgesamt zwei gemeinsame Töchter und zwei Söhne.

»Das hätte doch niemand von ihm gedacht«, sagte ein Nachbar, der G. etwas näher kannte.

Er beschrieb ihn als freundlichen und umgänglichen Menschen, konnte nichts Schlechtes über ihn sagen. Wie alle im Dorf war er verwirrt, schockiert. Er fühlte sich zerrissen zwischen der Wut auf den Nachbarn und dem Mitleid mit der Familie, die ja auch nichts geahnt hatte und mit diesem Kainsmal weiterleben musste. Sie hat sich danach völlig zurückgezogen.

Gunnar D. lebte auch bereits zur Tatzeit in dem Dorf und soll damals, im Mai 1991, eine Geliebte im Norden Brandenburgs gehabt haben. Deshalb war Gunnar D. (der auch eine Tochter aus erster Ehe hat) wohl überhaupt in der Gegend, in der er aufgewachsen war und in der er sein Opfer Andrea auflas.

Ich telefonierte nach der Aufklärung des Falls auch mit Andreas anderer Schwester, Michaela Sch. (38). Sie war nach der Tat nach Süddeutschland gezogen und kämpft noch heute mit schlimmen Depressionen. Sie erzählte mir von der schweren Kindheit, die sie und ihre Geschwister hatten. Als die insgesamt vier Mädchen noch ganz klein waren, brach die Familie auseinander. Die Alkoholsucht der Eltern hatte bis dahin deren Leben bestimmt. Während Andrea und Manuela zur Mutter kamen, blieben Michaela und Bianca beim Vater. Andrea war allerdings diejenige, die es am schwersten nahm.

Michaela: »Sie hat immer so sehr von einer glücklichen Zukunft geträumt.« Andrea wollte trotz oder gerade wegen ihrer hässlichen Kindheit selbst Kinder haben. »Sie wollte später alles besser machen.«

So viele Träume, so eine Sehnsucht nach Glück. Alles zerstört durch das Sexualverbrechen eines scheinbar normalen Familienvaters. Nach seinem Freitod und seinem schriftlichen Geständnis im Abschiedsbrief hat seine Familie ihn heimlich beerdigt. Niemand im Ort weiß, wo die Leiche des »Mord-Schäfers« ruht. Aber dass Gunnar D. im Grab wirklich Ruhe findet, glaubt dort keiner.

Als Andreas Berliner Schwester Manuela S. (41) erfuhr, dass der furchtbare Mord endlich geklärt ist, kaufte sie den Ermittlern einen dicken Strauß Blumen. Sie hatte in der langen Zeit alle Hoffnung verloren.

»Ich bin allen so dankbar. Zu sehen und zu hören, was der Kerl, der Andrea das antat, für ein Mensch war, bedeutet mir viel«, sagte sie. Aber eine Genugtuung war der Freitod von Gunnar D. nicht wirklich. »Meine Schwestern und ich hätten uns für ihn lieber eine lebenslängliche Gefängnisstrafe erhofft.«

Gunnar D. hatte zuletzt als Taxifahrer gearbeitet.

»Ich war zur falschen Zeit am falschen Ort«, waren die letzten Zeilen in seinem Abschiedsbrief.

Eine zynische, vorgeschobene Entschuldigung, wenn man bedenkt, dass dieser Mann einem Mädchen das Leben nahm. Er selbst durfte noch fast 21 Jahre nach ihrem gewaltsamen Tod leben und lieben. Andreas Schwestern Michaela und Manuela hatten in der langen Zeit oft alle Hoffnung verloren.

»Aber wir gaben uns gemeinsam die Kraft, das durchzustehen.«

18
Sie sind überall

Männer, die Kinder verführen, missbrauchen, verschleppen: Es gibt sie überall in unserer Gesellschaft. Sie sind Lehrer, Ärzte, Sozialarbeiter, Polizisten. Unter ihnen sind alle Berufsgruppen vertreten. In einer Berliner Klinik verging sich vor einigen Jahren ein Krankenpfleger an frisch operierten kleinen Jungen auf der Intensivstation. Als das herauskam, entmannte er sich selbst. Der Gipfel des Ekels war für mich ein Polizist aus dem tiefsten Brandenburg, der Sex mit seinem Pflegesohn hatte – einem Baby. Er stellte die schockierenden Fotos für seinesgleichen ins Internet. Ich recherchierte und schrieb auch über einen Berliner Beamten, der seine Töchter an Gleichgesinnte verlieh und sie mit den Männern filmte.

Es gibt so viele von denen da draußen. Zu viele, um sie alle zu kriegen. Die meisten haben eine völlig krude Wahrnehmung von sich selbst und halten sich für ganz besondere Kinderfreunde. Oder schieben es vor. Da heißt es schnell: »Die haben doch nur mich.« Oder: »Die Eltern sind ja nie da.« Oder: »Ohne mich würden sich die Jungen doch auf der Straße rumtreiben.«

Diese Kerle streifen durch Jugendclubs und treiben sich vor Schwimmbädern herum. Und – es ist kaum zu glauben – in den Computerspiel-Abteilungen vieler Kaufhäuser. Mein Mann Mike hat mir erzählt, dass er als 15-Jähriger in der Schallplatten-Abteilung eines Kaufhauses in Köln-Porz angesprochen wurde. Von einem Typen der Marke »schmuddeliger Studienrat«. Irgendwo zwischen »A« wie AC/DC und »K« wie Kiss. Mike ließ ihn amüsiert abblitzen, schlicht weil er seinen Auftritt völlig bizarr fand.

Aber so sind nicht alle potenziellen Opfer in den Jagdgebieten der Schänder, die auf Kinderfang gehen. Ihre tatsächlichen Opfer werden die Alleingelassenen, die Verunsicherten, die Wehrlosen.

Doppelzüngig locken die Täter sie mit Spiel, Bier, Kippen und Sexfilmchen in die Falle. Situationen, über die die Kinder vielfach keine Kontrolle haben, in denen sie immer die Verlierer sind.

Ich kenne den Albtraum, den diese Kinder durchmachen. Bloß nichts verraten, weil man ja freiwillig hingegangen ist. Bei mir daheim, im Kohlenpott, genau gesagt im Bochumer Ortsteil Linden, gab es auch so einen.

Um ihn rankte sich ein großes Geheimnis. Die Jungen haben damals nur hinter vorgehaltener Hand über den Opa gesprochen, bei dem man alles darf. Über Gratiszigaretten, Alkohol, Süßigkeiten und Videofilme. Ich war natürlich neugierig geworden, quengelte endlos und dann nahmen mich die Jungen als einziges Mädchen zu ihm mit.

Spätherbst, Schmuddelwetter. Es nieselte, als ich durch das Gartentor zum Eingang des schwarzen Schieferhauses nahe dem Sexkino Brasil an der Hattinger Straße huschte. In der zweiten Etage rechts klingelten die Jungen an einer Tür. Ein älterer Mann in Wollpulli, Stoffhose und Pantoffeln öffnete. Der Mann hatte graues Haar, irgendwie kam er mir komplett grau vor. Mit wulstigen Lippen und einem aufgequollenen, von Furchen durchzogenen Gesicht.

Er winkte uns rein. Dass ein Mädchen dabei war, gefiel ihm nicht. Wie Hühner auf der Stange saßen wir nebeneinander auf der Wohnzimmercouch. Es stank entsetzlich nach kaltem Rauch und abgestandenem Bier. Mir war nicht wohl dabei und die Stimmung der Jungen war seltsam gespannt. Dann legte der alte Sack ein Video in den Rekorder. Ein irgendwie knitteriger Farbfilm, Bilder von Jungen in Badehosen, beim Turnen, in Umkleideräumen und Duschen. Ich fand das eigenartig, blieb aber, obwohl ich merkte, dass ich offenbar störte. Schließlich brachte mich mein damaliger Freund (16) mit seinem Motorrad nach Hause. Er selbst fuhr wieder hin. Damals ahnte ich noch nicht, wie viele von diesen Typen es gibt. Wobei der Bochumer vermutlich noch ein vergleichsweise harmloses Exemplar war. Denn nicht wenige von ihnen sind bereit,

Grenzen bis hin zu Kindesvergewaltigung und Mord zu überschreiten, ausschließlich zu ihrem eigenen Vergnügen.

Im Sommer 2008 flog ein einschlägiger Club in Berlin auf, in dem sich ein ganzer Haufen alter Säcke mit kleinen Jungen traf. Eines der Opfer kam zu mir, damit ich über sein Erlebnis schreibe. Dennis (Name geändert) war gerade erst elf Jahre alt, als er in die perfide Falle dieser Männer tappte.

19

Dennis T.

Den Kontakt zu mir hatte Dennis über einen Freund gesucht. Den Jungen ging es nicht darum, um jeden Preis in die Zeitung zu kommen, oder um Geld. Sie waren fix und fertig und wollten ihre Wut loswerden. Sie wollten, dass alle Welt weiß, wie das Spiel der Kuschel-Täter funktioniert. Wie sie sich an Kinder heranmachen, wie sie Elternhaus und finanzielle Verhältnisse ausloten, um zu sehen, für was ihr Opfer empfänglich ist. Geld, kleine Geschenke gibt es – aber für die Jungen steht an erster Stelle die Zuneigung, die sie bekommen. Geheucheltes Interesse und nur scheinbares Verständnis.

Dennis war von Traurigkeit umgeben. Kein 15-jähriger Haudrauf und Alleskönner wie andere Jungen in seinem Alter. Ein stiller, in sich gekehrter Mensch und sehr sympathisch. Wir trafen uns in einem kleinen Park in Friedrichshain.

Er erinnerte sich genau an jeden Moment, an jede schmutzige Berührung. An die alten Männer in der Schmuddel-Bar, in der er gelandet war. Wie sie geifernd vor Geilheit die kleinen Jungen angrapschten. Dabei hatte alles ganz harmlos angefangen. Mit einer eher zufälligen Begegnung in Prenzlauer Berg im Frühjahr 2004. Dennis war mit Freunden unterwegs gewesen.

»Er kam auf uns zu. Er sah nett aus, gut angezogen und so. Er hat uns angequatscht. Ob wir für ihn modeln würden, hat er gefragt. Er gab uns seine Visitenkarte.«

Aber der Junge reagierte erst nicht auf das scheinbar verlockende Angebot. Mit damals elf Jahren dachte er wohl eher an Fußball, Comics und Videospiele.

»Ein Kumpel von mir rief den Mann aber schließlich an.«

Der Junge überredete danach auch Dennis, mal mit ins »Fotostudio« zu kommen.

Für die Jungen schien alles ganz seriös. Dennis: »Der hat sich sogar bei meiner Mutter vorgestellt.«

Dennis' Mutter hatte Krebs. Der »Fotograf« versprach ihr kurz vor ihrem Tod, sich immer ganz besonders gut um ihren Jungen zu kümmern. Sie glaubte ihm, vertraute ihm und unterschrieb eine Einverständniserklärung. Für zehn Euro die Stunde stand Dennis bei diesem Kerl vor der Kamera. »Die Fotos haben wir immer in seiner Wohnung gemacht.« Erst in voller Montur. Von Mal zu Mal musste Dennis dann immer mehr Hüllen fallen lassen.

»Er gab mir Wodka, damit ich locker wurde. Dann machte er Fotos in einer Netz-Unterhose von mir. Da hab ich mich ganz schön geschämt. Er meinte aber, man sieht ja nichts, und gab mir 450 Euro.«

Sogar an eine weitere zwielichtige Agentur vermietete der Mann »seine Jungs«. Dennis: »Die gehörte einem Typen aus Pankow, für den mussten wir in Unterwäsche Ballons aufblasen.« Dort bekam jeder Junge 75 Euro pro Stunde.

Dennis nahm das Geld, schämte sich – und schwieg. Weil er den guten Kumpel nicht verlieren wollte. Der »Fotograf« gab sich ganz reizend und fürsorglich. »Ich war jedes Wochenende bei ihm.«

Später, ab Januar 2007, ging Dennis auch in die damals neu eröffnete Bar. »Wir waren immer so sechs bis sieben Jungen.« Für die Kinder gab es Wodka bis zum Umfallen. »Ekelhaft waren die alten Typen dort. Eine Transe verschwand oft gleich mit zwei Jungen.«

Dennis sah auch, wie der »Fotograf« sich an andere Jungen ranmachte, mit ihnen Sex hatte. »Das passierte, wenn wir bei ihm schliefen. Ich wurde mal nachts wach und konnte nicht sprechen, mich nicht rühren. Da hat er auch was mit mir gemacht.«

Als die Polizei die Bar hochnahm, wurden dort K.-o.-Tropfen gefunden. Das war, kurz bevor sich Dennis und sein Freund bei mir meldeten. Die Täter wurden damals bestraft. Aber was aus Dennis wurde, ich weiß es nicht. Er hat sich nicht wieder bei mir gemeldet. Vergessen werde ich ihn nie. Der Text steht in ähnlicher Form auch in meinem Internet-Blog »Thriller, Tod & Teufel«. Einmal schrieb ein Junge darauf in einem Kommentar, dass er Dennis sei und dass er jetzt einfach weiterleben müsse. Ob er es tatsächlich war, kann ich nicht sagen.

20
Fünf Berliner Jungen – ein Täter?
Stefan L.

Als sie den toten Jungen am 8. August 1995 auf der Müllkippe Schöneiche bei Mittenwalde fanden, steckte er in blauen Müllsäcken. Das Seltsame an dem Fund war: Der Täter hatte ihm die Beutel angezogen, als seien es Kleidungsstücke. Der gesamte Körper des Kindes war mit einer dunklen Schicht Braunkohle überzogen. Er wirkte wie mit dem Staub eingerieben – für die Polizei ein Hinweis darauf, dass das tote Kind eventuell eine kurze Zeit in einem Keller versteckt gewesen war. Die Tat: eine Messerfolter, ein grauenhaftes Sexualverbrechen. Das Opfer: der seit dem 2. August in Berlin verschwundene Stefan L. (13). Der Täter hatte ihn einfach wie ein kaputtes Spielzeug mit dem Abfall entsorgt.

Stefan L. stammte aus Berlin. Er lebte aber seit geraumer Zeit in Kiel. Die Eltern hatten sich nach ihrer Ausreise aus der DDR 1989 getrennt. Stefan blieb mit seiner Schwester bei seiner Mutter, der Vater kehrte nach Berlin zurück. Trotzdem blieb der Kontakt zwischen den beiden eng. Wie schon im Vorjahr verbrachte Stefan auch 1995 einen Teil der Ferien in seiner alten Heimat. Seit dem 16. Juli war der Junge in Berlin und wohnte mit Vater und Großmutter in der Seelower Straße 2 im Prenzlauer Berg. Das ist nicht weit von dem U-Bahnhof entfernt, an dem heute das Einkaufszentrum »Schönhauser Allee Arcarden« steht.

Die meiste Zeit verbrachte der Schüler mit Oma und Vater. Der nahm ihn sogar einige Male zur Arbeit mit, ansonsten gingen die beiden leidenschaftlich gern zum Angeln. Das war Stefans liebstes Hobby, neben Fußball.

Ein einziges Mal traf er sich während seines Berlin-Urlaubs mit einem Jungen aus seiner Verwandtschaft, der ebenfalls die Ferien bei seinen Großeltern verbrachte. Die beiden waren seit frühester Kindheit dicke Freunde. Es war heiß in diesem Sommer, die Jungen gingen ins Freibad Pankow an der Wolfshagener Straße und tobten sich aus. Anschließend ging er mit seinem Freund zu dessen Großeltern in die Sellinstraße 3, um dort zu übernachten. Und wie es so ist: Stefan ließ am nächsten Morgen, es war der 2. August 1995, versehentlich seine Badesachen dort liegen. Also stiefelte er um 15 Uhr wieder von der Wohnung seiner Oma los – und ging zurück in die Sellinstraße. Gegen 16.15 Uhr machte er sich von dort auf den zweieinhalb Kilometer langen Rückweg. Seine dunkelblaue Radler-Badehose und das blaue, geblümte Handtuch trug er in einer weißen Plastiktüte bei sich. So eine, wie sie es an jedem zweiten Imbiss oder beim Fleischer gibt. Seither hat Stefan niemand mehr lebend gesehen. Es ist sogar unbekannt, wie er in die Sellinstraße gekommen war – womöglich mit der Tram über die Schönhauser Allee und die Berliner Straße.

Am frühen Abend begann Stefans Familie, sich große Sorgen zu machen. Schließlich hatten der Junge und sein Vater einen Nachtangel-Ausflug geplant. Freiwillig hätte er das nie und nimmer sausen lassen. Der Vater machte sich zunächst selbst auf die Suche nach Stefan – und meldete ihn am späten Abend bei der Polizei als vermisst.

Eine Großsuche startete unmittelbar danach. Streifenwagen fuhren tagelang durch Prenzlauer Berg, forderten mögliche Zeugen in Lautsprecherdurchsagen auf, sich zu melden. Es wurden Handzettel verteilt, Plakate geklebt. Die Zeitungen berichteten nahezu täglich über das Verschwinden des Jungen und zeigten Stefans Foto. Es war jedoch wie verhext, selbst 10.000 DM Belohnung lockten keinen brauchbaren Zeugen an. Offenbar war niemandem der 1,54 Meter große, schlanke, blonde Junge aufgefallen.

Schon bald, nachdem Arbeiter die Leiche des Jungen an der Müllkippe entdeckt hatten, verliefen die Ermittlungen im Mordfall Stefan L. im Sande. Gab es einen neuen Mord, einen neuen verschwundenen Jungen, kochten sie routinemäßig hoch und verpufften ganz schnell wieder. Völlig in Vergessenheit geriet Stefan bei der Polizei jedoch nicht.

18 Jahre nach seinem rätselhaften Verschwinden entschlossen sich die nun zuständigen Ermittler des Landeskriminalamts 11 (Sonderermittlungen) zu einem ungewöhnlichen Schritt. Sie machten erschreckende Einzelheiten der Tat und große Teile ihrer Erkenntnisse öffentlich.

Die Polizei glaubt nicht, dass Stefan freiwillig zu einem Fremden ins Auto gestiegen oder mit ihm mitgegangen wäre. Dazu war der Junge in der Vergangenheit zu zuverlässig gewesen. Auch war das Verhältnis zwischen Stefan und seinem Vater viel zu gut und entspannt. So wie es aussieht, traf er seinen Mörder durch Zufall. Die Ermittler sind sich dabei sicher, dass der Unbekannte »tatbereit« war, also auf der Suche nach einem möglichen Opfer. In der Presseerklärung der Polizei hieß es:

»Stefan war ein sehr freundlicher Junge. Das Ansprechen unter einem Vorwand, ob Stefan vielleicht bei einer Tätigkeit behilflich sein könnte, ist natürlich denkbar. Weiterhin hat Stefan geraucht, vielleicht hat der Täter das als Anlass genommen, mit ihm ins Gespräch zu kommen. Erwähnenswert ist, dass Stefan zwar nie Alkohol getrunken hat, bei seiner Obduktion aber eine erhebliche Alkoholbeeinflussung festgestellt wurde. Der Alkohol könnte ihm aber auch gewaltsam verabreicht worden sein.«

Wo genau der Täter den Jungen auflas und wo er ihn umbrachte, weiß niemand. Die Vermutung der Fahnder:

»Es ist davon auszugehen, dass der Täter mit Stefan eine Räumlichkeit aufsuchen konnte und ihn dort ungestört längere Zeit in seiner Gewalt hatte. Er konnte sein Opfer dort aber nicht zurücklassen, weil sonst Rückschlüsse auf ihn möglich gewesen wären. Vielleicht hat der Täter deswegen ein hohes Entdeckungsrisiko in Kauf genommen und sich auf eine Beseitigung des Opfers mittels eines Hausmüllcontainers eines größeren Gebäudes in dichtem

Wohngebiet eingelassen. Funde im Müllwaggon deuten darauf hin, dass die Kinderleiche in der Wohnumgebung Schönhauser Allee/ Berliner Straße in den Hausmüll gelegt wurde. Eine Ablage direkt am Verladebahnhof in der Asgardstraße in Heinersdorf, wie anfangs zu vermuten war, wird nicht mehr favorisiert. Die Sachen, die Stefan am Tag seines Verschwindens trug – eine hellblaue, kurze verwaschene Jeanshose, ein grünes, ärmelloses T-Shirt und seine Sandalen –, sind bis heute nicht wieder aufgetaucht.«

Vielleicht behielt sie der Täter als Trophäen.

Die Polizei ließ nichts unversucht. Selbst ein Profiler beschäftigte sich mit dem Kindermord:

»Die Begehungsweise der Tat deutet auf eine sadistische Tendenz beim Täter hin. Diese Fantasien könnte er bereits im Vorfeld durchgespielt oder jemandem mitgeteilt haben. Trotzdem könnte der Täter sozial integriert und unauffällig sein, sicher und selbstbewusst auftreten.«

Stefan hatte laut Polizeibericht »mehrere Verletzungen, die ihm der unbekannte Täter mit einem Messer zugefügt hatte. Weitere Verletzungen am Unterleib machen deutlich, dass ein sexuelles Motiv vorgelegen haben muss.«

Einmal dachten die Polizisten schon, sie hätten Stefans Mörder im Visier. Ein pädophiler Mann soll sich bereits in Kiel an den Jungen herangemacht haben, so ein Hinweis. Es blieb dabei, den Unbekannten oder einen tatsächlichen Zeugen dafür fanden sie nicht.

Stefan L. wurde in einer Zeit ermordet, in der noch mehrere weitere Jungen in seinem Alter in Berlin verschwanden. Von allen gibt es bis heute keine Spur: Manuel Sch., Till K. und Samir B.

Manuel Sch.

Manuel Sch. (12) verschwand am 24. Juli 1993. Er verließ gegen 10.30 Uhr die Wohnung seiner Mutter in der Gößner Straße und wollte in ein Kinder- und Jugendzentrum in der Wuhlheide. Manuel interessierte sich besonders für Computer und besuchte dort in den Ferien den Computerclub. Der aufgeweckte und kluge Junge, der im Herbst auf ein Gymnasium wechseln sollte, nahm an diesem Samstag die U-Bahn bis zum Bahnhof Friedrichstraße. Von dort aus wollte er mit der S-Bahn weiter in die Wuhlheide. Dort kam er nie an. Manuel hatte grau-braune Augen, er war damals 1,57 Meter groß und schlank. Seine Haare waren dunkelbraun.

Bei seinem Verschwinden trug der Junge kurze Jeans, schwarze Turnschuhe, ein graues T-Shirt und eine graue Sommerjacke mit Emblem auf dem Rücken. Manuel hatte einen türkisfarbenen Rucksack mit der Aufschrift »Miami Vice«, einen Ferienpass und seinen Wohnungsschlüssel dabei.

Es gibt verschiedene Theorien über das, was Manuel zugestoßen sein könnte. Die Fantasie von Journalisten und selbsternannten »Privatermittlern« kannte keine Grenzen: Geschrieben wurde von einem Einzeltäter, der Manuel mit sich zerrte. Genauso über einen Kinderporno-Ring, dessen Kundschaft bis hin in sogenannte »hohe politische Kreise« zu finden sei. Sogar von alten Stasi-Verbindungen und geheimdienstlichen Verstrickungen wurde gesprochen. Kinder sollen einflussreichen Persönlichkeiten zugeführt worden sein, um diese mit beim verbotenen Sex entstandenen Fotos zu erpressen.

Im Fall von Manuel Sch. meldeten sich angebliche Kinderhändler und ein angeblicher Ex-Nachrichtenoffizier des MfS (Ministeriums für Staatssicherheit, also der Stasi) zu Wort. Diese Leute wollten entweder Sexfilme mit Manuel gesehen, ihn auf Fotos erkannt oder ihn in verschiedenen einschlägigen Lokalen in halb Europa beobachtet haben.

Es war die Zeit des Belgiers Marc Dutroux, der am 13. August 1996 wegen des Verschwindens zweier Mädchen (zwölf und 14 Jahre alt) festgenommen wurde. Ein Zeuge hatte sich Teile von Dutroux' Autokennzeichen gemerkt. Die Mädchen wurden zwei Tage später lebend aus unterirdischen Kellerverliesen befreit. Der

Täter hatte jahrelang Mädchen entführt, um Kinderpornos zu produzieren. Zwei Achtjährige verhungerten in seiner Gefangenschaft. Dutroux behauptete von sich selbst, er sei nur Handlanger gewesen, habe im Auftrag anderer gehandelt. Die Namen der Hintermänner rückte er jedoch nicht raus – bis auf den von Jean-Michel Nihoul, einem belgischen Geschäftsmann, der am Ende der Mittäterschaft für schuldig befunden wurde. Dutroux wurde nach einem jahrelangen Prozess für drei Giftmorde – an einem Komplizen und zwei von ihm entführten jungen Frauen – lebenslänglich ins Gefängnis gesteckt. Mir kam es so vor, als hätte der komplexe, internationales Aufsehen erregende Fall die Verschwörungstheorien bei der Suche nach Manuel angeheizt.

Samir B.

Sieben Monate nach dem Verschwinden von Manuel traf den damals elfjährigen Samir B. das gleiche Schicksal. Es war der 12. Februar 1994.

Der Junge wollte an diesem Tag einen Onkel in Kreuzberg besuchen. Mitten in der Nacht, gegen 22 Uhr, hatte sich der Junge aus seinem Zuhause in der Lietzenburger Straße in Berlin-Wilmersdorf auf den Weg gemacht. Samir hatte acht D-Mark Fahrgeld in der Tasche und wurde zum letzten Mal am Bahnhof Zoo gesehen. Es ist, als habe sich kurze Zeit später ein großes schwarzes Loch aufgetan und Samir verschluckt. Im Sommer 1994 wollen Zeugen ihn noch einmal gesehen haben – als Fensterputzer in der Neuköllner Hermannstraße. Nicht so einen, der tatsächlich die Schaufenster wischt, sondern eines der Kinder, die an roten Ampeln auf Autofahrer lauern und die Frontscheiben der Wagen reinigen wollen.

Auch bei Samir vermutete die Polizei Zusammenhänge mit dem Berliner Pädophilen-Milieu. Wirklich beweisen ließ sich das nie. Über Samir ist kaum etwas bekannt, sein Verschwinden war den meisten Zeitungen nur eine kleine Fotomeldung wert, während in anderen Fällen Tag für Tag geschrieben wird, mit so vielen Fotos, wie sie nur aufzutreiben sind. Im Fall Samir ist das damit zu erklären, dass zeitgleich ein kleines Mädchen verschwand. Die Leiche des Kindes wurde ein Jahr später skelettiert auf einem Dachboden entdeckt. Sieben Jahre vergingen, bis der Täter gefasst wurde. Samir B. dagegen geriet schnell in Vergessenheit.

Till K.

So auch Till K. (13) aus der Schröderstraße in Berlin-Mitte. Er verschwand im Jahr darauf, damit schien für die Ermittler eine Serie verschleppter Kinder in Sicht. Wieder gingen die Untersuchungen in Richtung eines Kinderporno-Rings. Wie Samir wurde Till am 14. Juli 1995 zuletzt am Bahnhof Zoo gesehen. Er hatte einen Freund aus Bielefeld in der Mittagszeit dort hingebracht. Nachdem er im Laufe des Nachmittags nicht heimkam, alarmierte seine Mutter die Polizei. Sie hatte ein enges Verhältnis zu ihrem Sohn, es gab überhaupt keinen ersichtlichen Grund für ihn wegzulaufen. Dunkles Haar und fein geschnittene Gesichtszüge, die fast mädchenhaft wirken. Manuel Sch. (12), Samir B. (11) und Till K. (13) könnten vom Aussehen her fraglos Brüder sein.

Die Zeitpunkte ihres Verschwindens lagen alle um ein Wochenende herum. Manuel und Samir traf es an einem Samstag, Till freitags. Wobei Samir und auch Till wiederum zuletzt am Bahnhof Zoo gesehen wurden. Die Stricherszene dort, in der sich kindliche Ausreißer älteren Männern zum Sex anbieten, ist deutschlandweit bekannt. Ein perfekter Ort, einen Jungen anzuquatschen, ihm Geld oder Geschenke in Aussicht zu stellen. Dann mitzunehmen, zu missbrauchen und umzubringen. Die meisten Kinder, die plötzlich einfach weg sind oder Opfer von schweren Straftaten werden, stammen aus finanziell weniger gut gestellten Elternhäusern.

Die Umstände des Verschwindens von Manuel, Samir und Till und genauso die Ähnlichkeit der Schüler lassen tatsächlich an einen Serientäter denken. An jemanden, der auf einen bestimmten Typ Jungen fixiert ist. Womöglich ein Mann mittleren Alters mit regelmäßiger Wochenendfreizeit. Der weder Familie noch Kinder hat, um die er sich in der Zeit kümmern und denen er längere Abwesenheiten erklären müsste. Oder einer mit reisendem Gewerbe, ein Handelsvertreter, der sich seine Zeit frei einteilen kann, dazu die Möglichkeit hat, spontan zu handeln.

Ein eigenes Haus auf einem einsamen Grundstück wäre für solch einen Triebtäter ein ideales Versteck. Denn nur so besteht die Möglichkeit, seine verschleppten Opfer längere Zeit in der Gewalt zu haben. Und wie im Fall von Stefan L. die Leichen so lange völlig unbemerkt zu verstecken, bis sie ohne großes Risiko entsorgt werden können.

*

1993, 1994, 1995 – drei Jahre, in denen vier Jungen in Berlin auf mysteriöse Weise verschwanden. Nur Stefans Leiche wurde gefunden. Wenn ich mich jetzt mal weiter als Laien-Profiler probiere, passen die Fälle zu einem Täter, der ungefähr jedes Jahr ein Kind für seinen Trieb »braucht«. Der nächste Junge, der in Berlin verschwand, war **Marcel H.** Es traf ihn an einem Sonntag im September 1997 – wieder ein Wochenende.

Im Jahr darauf gab es erneut einen bis heute ungeklärten Kindermord. Er gehört zwar nicht nach Berlin oder Brandenburg, sondern nach Frankfurt am Main, er könnte aber durchaus zum selben Tätertyp passen. Es ist der Mord an **Tristan Brübach** (13). Der Täter schnappte sich Tristan am 26. März 1998. Der Junge hatte an diesem Tag die Schule etwas früher verlassen – wegen angeblicher Rückenschmerzen. Daher muss er nicht unbedingt zufällig mit dem Täter zusammengetroffen sein. Es ist möglich, dass der

Mann schon vorher Kontakt zu dem Jungen hatte. Tristan wurde bewusstlos geschlagen und in einen Tunnel gezerrt. Dort schnitt ihm der Täter die Kehle durch, verging sich an dem halbtoten oder bereits toten Kind. Als grausiges »Andenken« entfernte er Tristan unter anderem die Hoden. Sie wurden nirgends entdeckt. Seither verschwanden oder wurden immer wieder Jungen in Deutschland getötet, bei denen die Umstände den Berliner Fällen und dem von Tristan ähneln.

Natürlich vergleicht die Polizei Morde und Vermisstenfälle gerade von Kindern, die in ihrem Einzugsgebiet geschehen. Der Berliner Polizeiapparat ist jedoch riesig. Allein die zuständige Abteilung 1 des Landeskriminalamtes (Delikte am Menschen) hat verschiedene Unterabteilungen: Das Landeskriminalamt 125 ist zuständig für Misshandlungen von Kindern und Schutzbefohlenen. Das heißt, es untersucht Fälle von Gewaltdelikten an Kindern sowie an älteren oder behinderten Menschen – ohne den Hintergrund eines Sexverbrechens. Dafür wurde die Abteilung Sexualdelikte geschaffen, die Sexübergriffe jeglicher Art und Fälle von Kinderpornografie bearbeitet.

Die Vermisstenstelle ist erster Anlaufpunkt, wenn Kinder und Erwachsene verschwinden. Deren Mitarbeiter kümmern sich auch um die Identifizierung Toter, die unbekannt und ohne Hinweis auf eine Straftat aufgefunden werden. Dort landeten zunächst die Schicksale von Manuel, Samir, Till, Stefan und Marcel.

In Fällen, in denen es zu einem Mord oder Totschlag kommt oder wenn dies auch nur vermutet wird, übernehmen die Mordkommissionen die weiteren Ermittlungen. Davon gibt es gleich sieben in Berlin. Die Fahnder sind für die im Schnitt jährlich 120 bis 140 Tötungsdelikte in Berlin zuständig. Eine Menge, dabei ist es normal, dass eine Kommission gleich mehrere aktuelle und alte Fälle bearbeitet. So landen auch Kindermorde bei verschiedenen Mordkommissionen. Auch wenn es womöglich sinnvoller wäre, die Zuständigkeit zentral zu bündeln.

21

Selbstjustiz

Unbändige Wut, finstere Rachegelüste, den Tätern Gleiches antun und Schlimmeres. Alles verständliche Gefühle, die in Eltern missbrauchter oder getöteter Kinder toben. Aber nur selten nehmen sie das Recht wirklich in die eigene Hand. In der Adventszeit 2005 kastrierte ein Vater im östlichen Teil Brandenburgs den vermeintlichen Schänder seines Sohnes.

Dass der Obdachlose seinem Sohn etwas angetan hatte, dessen war sich der Vater sicher. Es gab Fotos, zwar nicht vom Missbrauch, aber die Bilder belegten, dass der Mann mit dem Achtjährigen zusammen war. Der Mann habe etwas gemacht, war die Andeutung des Jungen, in deren Anschluss sein Vater Amok lief.

Für seine Rache holte sich der Mann einen Freund zur Unterstützung. Die Männer luden den Obdachlosen in eine leere Wohnung ein. Ihr späteres Opfer folgte arglos, es hatte auf ein ausgiebiges Alkoholgelage gehofft. Seine Peiniger hatten eine »Abreibung« geplant. Daraus wurde ein wahres Martyrium, ein Gemetzel, das mit dem Tod des Obdachlosen endete.

Ein Schlag auf den Kopf mit einem Pistolenfeuerzeug. So haben die Männer den Obdachlosen betäubt. Als dieser ohnmächtig am Boden lag, schnitten sie ihm erst das rechte Ohr ab. Sie machten 34 Fotos, um später damit zu prahlen. Es folgten Messerstiche in den Bauch, die Brust und das Herz des Mannes. Da hatten sich die Täter schon in einen schwer nachvollziehbaren Blutrausch hineingesteigert. Sie versuchten, dem Obdachlosen das Herz aus der Brust zu schneiden, ihm den Kopf abzusäbeln – am Ende schnitten sie seinen Penis ab. Ihr brutales Treiben, das Massaker, dauerte stundenlang. Niemand weiß im Nachhinein, was der sterbende Mann davon alles bewusst mitbekam.

Die Polizei nahm den Vater und seinen Helfer in einer Kneipe fest – völlig betrunken. Die Männer hatten zwei bis vier Promille Alkohol im Blut. Ein Umstand, der in einem ersten Prozess 2007 ihre Strafe milderte. Sie bekamen jeweils zehn Jahre Haft aufgebrummt. Die Staatsanwaltschaft jedoch hatte lebenslänglich gefordert, da der Verdacht nahelag, dass sich die Täter mit Vorsatz betrunken hatten. Bei einer Revisionsverhandlung 2008 wurde deshalb ihre Haft um je anderthalb Jahre erhöht. Ob der Junge tatsächlich missbraucht worden war, wurde bis heute nicht geklärt.

Aber dieser Fall grausamer Selbstjustiz zeigt natürlich einen der Gründe, warum es Sexualverbrecher oft klüger finden, ihre Opfer zu töten. Sie könnten sie entlarven – und Anlass zu Racheakten geben.

22
Verschleppt, missbraucht, getötet – auch sie

Andrea L. aus Belzig wurde 1993 ermordet. Sie war damals 16 Jahre alt und von heute auf morgen wie vom Erdboden verschluckt. Sie wollte auf eine Party in den Jugendclub »Pogo« gehen. Das war am 7. Oktober 1993, einem Donnerstag. Nur 15 Minuten Fußweg sind es von der Wohnung ihrer Eltern im Neubaugebiet Klinkengrund bis dorthin – wenn man keine Abkürzung nimmt. Dass Andrea auch dort war, scheint sicher. Andere Jugendliche sahen sie noch kurz draußen. Als das »Pogo« gegen 22 Uhr schloss, war sie schon auf dem Heimweg. Sie kam aber nie zu Hause an. Andrea starb nur knappe 300 Meter entfernt. Aber das ahnte ja keiner.

Noch in der Nacht, gegen 3.50 Uhr, gaben ihre Eltern eine Vermisstenanzeige auf. Ihre Tochter war bis dahin doch immer pünktlich daheim gewesen. Sie ahnten, dass etwas ganz Furchtbares passiert war. Obwohl sie immer die Hoffnung am Leben hielten, Andrea sei vielleicht nur durchgebrannt – oder schlimmstenfalls entführt worden. Den absurdesten Theorien wurde damals nachgegangen. Es war sogar von Verbindungen zum Rotlichtmilieu die Rede. Was taten mir diese Mutter und dieser Vater leid. Die Polizei und die Eltern taten alles Menschenmögliche, um die Tochter zu finden. Lange lag ein Radiomitschnitt in meiner Schreibtischschublade. Andreas Vater hatte ihn mir überraschend in die Redaktion gebracht und geschenkt. Auf dem Band spricht er über seine Tochter.

Für die Eltern waren es Jahre voller Ungewissheit. Genauer gesagt: sieben Jahre zwischen Hoffen, Bangen, schierem Verzweifeln. Bis es am 8. Juli 2000 traurige Gewissheit wurde. Andrea war nicht weggelaufen, sondern Opfer eines Sexualtäters geworden.

Sie lag die ganze Zeit über nur einen Katzensprung von ihrem Elternhaus entfernt. Verbuddelt auf einem Grundstück hinter einem Schuppen in der Nachbarschaft. Ein Hund spielte an diesem Nachmittag mit ... – alle dachten, es sei ein Ball gewesen. Die Polizei fand Andreas gesamte Überreste dort, bis auf ihre Levi's-Jeans und die Plateauschuhe, die blieben verschwunden. Wie der Täter, von dem die Polizei bis heute noch keine Spur hat.

*

Von **Sandra W.** aus Kreuzberg fehlt seit dem 28. November 2000 jede Spur. Sie war an jenem Tag zunächst mit ihrer Mutter unterwegs gewesen. Weil die jedoch in den nächsten Tagen Geburtstag hatte, wollte Sandra noch alleine los, um ihr ein Geschenk zu kaufen. Mutter und Tochter trennten sich gegen 15 Uhr am Kottbusser Damm, Ecke Böckhstraße. Sandra ging in den Karstadt am Hermannplatz. Anschließend bummelte sie auf der gegenüberliegenden Straßenseite des Kottbusser Damms. Etwa um 16.40 Uhr wurde Sandra an der Ecke Bürknerstraße von Mitschülern gesehen. Als sie am Abend nicht nach Hause kam, alarmierte die Mutter die Polizei. Am nächsten Tag begann eine groß angelegte Suche nach der Schülerin. Freunde, Bekannte und Familienangehörige wurden befragt. Mehr als 50 Polizisten suchten nach ihr, zuerst in den umliegenden Häusern. Später wurde die Suche ausgedehnt. Die Polizisten kontrollierten alle Keller, Dachböden, Wohnungen und anliegenden Hausflure. Mehr als 100 Hinweise gingen bei der Polizei ein. Eine heiße Spur gab und gibt es aber nicht. Kurzzeitig hatte die zuständige Mordkommission Hoffnung geschöpft, das Mädchen wiederzufinden: Auf einem Dachboden in der Nähe ihres Wohnhauses in der Böckhstraße war Blut gefunden worden. Die DNA-Analyse ergab aber, dass die Spuren nicht von Sandra W. stammten.

*

Jurema de A. aus Wilmersdorf wäre jetzt in etwa so alt wie mein Sohn. Sie ist seit dem 8. September 2003 verschwunden, da war sie erst 13 Jahre alt. Ihr letzter bekannter Aufenthaltsort ist der U-Bahnhof Turmstraße in Moabit. Dorthin war sie nach dem Besuch der Rudolf-Diesel-Oberschule in der Prinzregentenstraße von Wilmersdorf mit der U-Bahn-Linie 9 gefahren. Jurema verließ den Zug gegen 15 Uhr auf dem Bahnhof Turmstraße in unbekannte Richtung und ist seither verschwunden.

Da Jurema als sehr zuverlässig bekannt sei, kann nicht ausgeschlossen werden, dass sie Opfer einer Straftat wurde, teilte die Polizei in ihrer Suchmeldung mit. Jurema war zum Zeitpunkt ihres Verschwindens ca. 1,70 Meter groß, schlank, hatte mittellange schwarze Haare, teilweise zu einem Zopf gebunden. Ihr Teint ist dunkel.

Jurema benötigt zum Lesen ihre Brille, die ein dunkles Gestell hat. Zuletzt trug sie eine weiße, dreiviertellange Stoffhose, ein hellblaues T-Shirt, einen hellblauen Pullover und weiße Nike-Turnschuhe. Außerdem hatte sie einen schwarzen Rucksack bei sich.

Ich kann nicht erklären, warum mich ein Kinderschicksal mehr berührt als andere. Nur, dass es nicht daran liegt, ob ich an Tatorten war oder mit Angehörigen gesprochen habe. Das Bild eines kleinen blonden Mädchens, das in den Fluten des Tsunami 2004 an einem Traumstrand in Thailand umkam, schwirrt dauerhaft durch meinen Kopf. Ohne dass ich weiß warum.

23
Falscher Verdacht

Es passiert schnell, dass ein Mann in Verdacht gerät. Ein freundlicher Streichler über den Kopf eines kleinen Jungen, ein angebotenes Bonbon, ein gemeinsames Spiel auf dem Spielplatz.

Mir ist es passiert, dass ich jemanden in Verdacht hatte. Einen jungen Mann, der im Sommer immer auf einem Spielplatz in Prenzlauer Berg mit den Kindern herumtollte. Jeden Tag, besonders an den Wochenenden. Die Kids waren gerne bei ihm. Aber ich konnte nicht anders: Mir kam das so komisch vor. Ich habe ihn beäugt, war misstrauisch. Ich bekam Angst um mein Kind und gleich um die anderen mit. Dabei war es mir unerklärlich, dass manche Mütter diesen jungen Mann sogar mit ihren Kindern alleine ließen. Was für ein Leichtsinn. In meinem Hirn klappt in solchen Momenten ein Schreckensszenario auf. Ich sehe vor meinem inneren Auge, wie Kinder leiden, Kinder sterben, Menschen zu psychopathischen Monstern werden. Wäre ich einfach zu einer dieser Mütter gegangen und hätte gefragt: »Wer ist denn das?«, wäre ich vermutlich gleich beruhigt gewesen. Aber so sehr ich im Beruf losrenne und Menschen mit Fragen löchere, bin ich in meinem privaten Umfeld damals noch eher zurückhaltend gewesen. Ich habe mich nicht getraut zu fragen. Das hätte auch vor den Freunden meines Sohnes recht seltsam ausgesehen. Ich habe den Mann stattdessen heimlich fotografiert, seinen Namen herausgefunden – und ihn von einem befreundeten Polizisten überprüfen lassen.

Zu solchen Auswüchsen kommt es, wenn man – wie ich – seinen Job lebt, statt von ihm zu leben. Der junge Mann war und ist harmlos. Ein geistig leicht zurückgebliebener Mensch, der niemandem auf Erden je ein Leid zufügen würde. Jedes Mal, wenn ich ihn heute sehe, schäme ich mich für meine Gedanken. Dummerweise läuft er mir mindestens dreimal pro Woche über den Weg.

*

Ein falscher Verdacht kann auch in einer Katastrophe enden. Für solch einen Fall trage ich zumindest eine moralische Mitverantwortung.

Spätsommer. Ein Sonntag. Ich saß alleine in meinem Büro, damals noch in der 7. Etage, im Pressehaus an der Karl-Liebknecht-Straße in Berlin. Eine Kollegin einer anderen Zeitung hatte ebenfalls Dienst. Wir telefonierten aus Langeweile miteinander. Nichts war los. Dann kam doch noch eine interessante Polizeimeldung rein. Per Fax, denn E-Mails gab es noch nicht. Es ging um die Festnahme eines Mannes, der seine Stieftochter sexuell missbraucht haben sollte. In der Meldung standen der Ort und die Straße – obwohl das Dorf nicht einmal 100 Einwohner hat. Keine Frage, dass wir nach ein paar Telefonaten genau wussten, um wen es ging. Die Kollegin und ich – die Zeiten und die Konkurrenzsituation untereinander waren etwas lockerer geworden – sprachen uns ab. Da wir beide ja den gleichen Recherchestand hatten, war das kein Problem. Manchmal ist es auch strategisch ratsam, so etwas zu tun, man muss es ja nicht beim Chef an die große Glocke hängen.

Ich schickte einen Fotografen in den Ort, die Kollegin auch. Selbst mitzufahren ist bei großen Entfernungen nicht immer möglich, da der Text zum Andruck – so zwischen 17 und 18 Uhr, je nach Verlag und Druckerei – fertig sein muss. Also haben wir von der Redaktion aus per Telefon recherchiert – mit Nachbarn, mit Angehörigen, mit Polizisten gesprochen. Unsere Fotokollegen trafen im Ort mit der Mutter des Mädchens zusammen, die verständlicherweise außer sich vor Zorn war. Ihr Mann hatte ihrer Meinung nach ihre Tochter aus erster Ehe geschändet und gequält. Der Fotokollege hat es mir durchtelefoniert, ich notierte. Es war kein großer Beitrag.

Auch haben wir keine Fotos von dem Mann gezeigt. Die Auswirkungen jedoch waren entsetzlich.

Einige Tage später kam eine erneute Polizeimeldung. Ein Mann hatte sich in dem Ort erhängt. Mir war ganz schlecht, weil ich in dem Moment ahnte, was passiert war. Es war der beschuldigte Stiefvater, der sich unmittelbar nach seiner Entlassung aus der Untersuchungshaft das Leben genommen hatte. Die Tochter seiner Frau hatte offenbar gelogen: Sie hatte sich, so die weiteren polizeilichen Ermittlungen, alles nur ausgedacht. Sie wollte beachtet werden. Es hieß damals sogar, sie wäre in einen Polizisten verliebt gewesen. Es mag stimmen, oder auch nicht. Ich mache mir deshalb noch heute schwere Vorwürfe. An dem Suizid eines Menschen mitgewirkt zu haben, wenn auch indirekt, vergisst man nie. Gewiss: Wäre an diesem Tag ein anderer Kollege im Dienst gewesen, hätte er nicht anders gehandelt als ich. Aber am Ende war ich es, die den Artikel recherchierte und schrieb.

24
Ennie D.

Was habe ich eigentlich gedacht, als sich Ennies Mutter bei mir meldete? In ein paar Tagen sollte ein Sexualverbrecher vor Gericht kommen. Ein so richtig fieser Kerl. Ein sexbesessener Serientäter. Er hatte sich in den 2000er-Jahren mehr als fünf Mädchen geholt. Sein Jagdrevier war die Anonymität der Plattenbauviertel im Osten von Berlin. Er strich über Jahre immer wieder um die Häuser, immer auf der Suche nach kleinen Opfern. Auf Schulmädchen, die Schlüsselkinder waren, hatte er es abgesehen. Auf die wartete nur selten jemand zur Mittagszeit – und er bekam seine schnelle erzwungene Nummer im Keller.

Ennie war von ihm vergewaltigt worden. Ihre Mutter wollte jetzt mit mir sprechen. Aber nicht nur sie, auch Ennie selbst. Und ich sollte darüber schreiben.

Ganz ehrlich? Ich habe gedacht, die Frau ist verrückt. Geltungssüchtig, mediengeil. Solche Leute melden sich allzu oft in Zeitungsredaktionen. Ich dachte: Will die etwa Geld? Wie kann sie nur? Wie kann ich? Was tut man da dem Kind an? Das ging mir in dem Moment durch den Kopf. Mein erster Impuls war, ihr einen Korb zu geben. So gerne ich es gewollt hätte, das konnte ich nicht machen. Das machte mir mein damaliger Kollege und heutiger Mann klar: »Sei nicht bescheuert.«

Er hatte natürlich recht. Wenn die Frau zu einer anderen Zeitung gegangen wäre, wenn herausgekommen wäre, dass sie vorher mit mir gesprochen hatte ... Eine dramatische Nachricht, eine »Schicksalsgeschichte« darf man als Reporter nicht unter den Tisch fallen lassen. Es muss krachen. Und wenn man dabei ein Kind fertigmacht? Ausreden sind schnell parat. Ich habe mir früher selbst geglaubt, mir etwas vorgemacht.

Angst hatte seit dem fürchterlichen Angriff Ennies Leben dominiert. Angst vor der Dunkelheit, vor jedem Atemzug, den sie auf ihren Wegen zu Fuß hinter sich hörte. Furcht vor jedem Mann, der an ihr vorbeilief. Die Angst überkam Ennie (damals 16 Jahre alt) ständig, nahm ihr alle Freude am Leben. Ennie war gehetzt von der grauenhaften Vergangenheit. Immer wieder geriet sie in Panik, rannte los. Schnell nach Hause, in die Sicherheit, zu Mutter Heike (39).

Ennie wurde vergewaltigt, da war sie gerade erst zehn Jahre alt. Aber jetzt, sechs Jahre später, hatte sie den Mut einer Löwin in der Brust. Ennie war bereit, alles zu geben, damit ihr Peiniger hart bestraft werden würde.

Sie war sehr gefasst, als sie zu berichten begann: Ein trister, kalter Novembertag, das war Ennies schlimmster Tag im Leben. Grauer Nebel lag schwer über der Hochhaussiedlung in Marzahn. Es war der 11. November, der alles so sehr veränderte.

»Ich erinnere mich an Kleinigkeiten, an meine grüne Daunenjacke, die ich trug. An mein lilafarbenes Schlüsselband«, erzählte das Mädchen.

Ennie saß mit ihrer Mutter bei mir im Büro am Alexanderplatz in der 15. Etage. Sie erzählte, wie sie damals gegen 14.30 Uhr von der Grundschule heimgekommen war. Sie hatte die Haustür geöffnet, dann ging sie in den Fahrstuhl. Als sich die Tür wieder schloss, stand der Mann plötzlich hinter ihr.

Was der Vergewaltiger in diesem Moment selbst empfand, schilderte er im Prozess so: »Es machte Klick, ich war wie gesteuert. Ich habe sie überfallartig festgehalten.«

Vielleicht musste er kurz an seinen Vater denken, den er als Junge im Bett mit einer Minderjährigen ertappt hatte. Oder an die pädophile Erzieherin, die sich im Kinderheim unter seine Decke legte. Womöglich war es aber auch ganz anders. Sexualstraftäter berichten vor Gericht oft, dass sie wie unter Zwang gehandelt hätten. Tatsächlich gibt es Fälle, wie schon geschildert, in denen einem die traumatischen Kindheitserlebnisse der späteren Täter die Sprache verschlagen können. Aber so sehr man all das psychologisch nachvollziehbar darstellen kann: Zwang, Prägung, Vorherbestimmung und Willensschwäche sind auch der Stoff, aus dem leichte Ausreden gestrickt sind. In aller Regel sehen und erleben wir uns doch als Wesen, die selbst entscheiden, was sie tun. Darauf sind wir sogar stolz, es macht einen Teil unserer Würde aus. Nur wenn wir uns schuldig machen, dann hat es angeblich Klick gemacht und wir wollen nicht Herr unserer selbst gewesen sein. Wer auch nur ein bisschen Lebenserfahrung besitzt, der weiß, dass es Menschen gibt, die gezielt, bewusst und planvoll das Böse suchen. Wie auch immer sie es selbst nennen mögen.

Robert R. (damals 21) drückte der hilflosen Ennie, die mit weit aufgerissenen Augen vor ihm stand, sein Messer an die Kehle. Er versetzte das Kind in Todesangst: »Du kommst jetzt mit!« Er riss ihr dabei ruckartig den Schlüssel vom Hals, zerrte sie nach unten, hinter die Kellertür.

»Sein Messer war klein und schmierig«, erinnerte sich Ennie mit stockender Stimme, als wenn es gerade erst passiert wäre. Sie konnte sich nicht wehren. Aber sie redete unaufhörlich auf den Täter ein: »In meiner Angst habe ich ihn gefragt, warum er das macht. Und gefragt, ob er keine Freundin hat.«

Robert R. fauchte Ennie eiskalt an. »Halt die Klappe«, befahl er. »Du weißt, was passiert, zieh die Hose runter.«

Ennie tat es nicht. Er zerrte an ihrer Jeans, er zerriss ihren Pulli. Er verging sich an ihr.

Über die seelische Verfassung des Sexualtäters sagte ein Gutachten: Der Anblick von kleinen Mädchen errege ihn sexuell, er stelle ihnen nach, sähe sich aber selbst als Opfer übermächtiger Triebe. So sagte er es auch im Prozess: »Ich hatte es vollbracht, dann legte sich der Schalter in meinem Hirn wieder um.« Angeblich auf normal.

Ennie erinnerte sich sehr gut an diesen sogenannten Normalzustand. Allein bei dem Gedanken kämpfte sie mit den Tränen: »Als er endlich von mir abließ, hat er mich im Keller eingeschlossen. Ich weiß nicht, woher ich die Kraft nahm, aber ich riss ein Fenstergitter raus und zerschlug die Scheibe.«

Nur Minuten später stand Ennie vor ihrer Mutter. In ihren zerfetzten Kleidern, mit Scherben übersät. »Ich bin überfallen worden!«

Ennie wollte sich sofort waschen, ihre verschmutzten Sachen ausziehen. So sehr war sie vom Ekel gepackt. Sie wollte das furchtbare Erlebnis am liebsten einfach abstreifen und wegschrubben. Aber sie durfte nicht, sie konnte nicht. Mutter Heike geriet nicht in Panik. Sie tat, was in diesem Moment genau richtig war: »Ich wusste, dass die Polizei alle Beweise braucht, und handelte automatisch. Und dass sie nur so den Schänder meiner Tochter kriegen konnten.«

Die Vernehmungen und die Untersuchung beim Frauenarzt waren allerdings eine Demütigung für Ennie. Das kam zur Tat hinzu. Erst am Abend, nach stundenlangen Vernehmungen und der Untersuchung beim Arzt, durfte Ennie endlich baden. Ihr Durchhaltevermögen hatte sich gelohnt. An ihrem Körper war die DNA des Täters gesichert worden.

Dies und ihre gute Beschreibung des Vergewaltigers haben R. überführt – leider erst sechs Jahre später. Inzwischen waren ihm noch andere Mädchen zum Opfer gefallen. Eines der zu Tode geängstigten Mädchen ließ er bis zehn zählen, um genügend Zeit zur Flucht zu haben.

Zwei Jahre vor seiner Festnahme riss die unheimliche Vergewaltigungsserie ab. Robert R. hatte seine »Traumfrau« getroffen. Auf die Schliche kam ihm die Justiz durch einen DNA-Vergleich. Von ihm war schon einmal wegen einer anderen Straftat eine Probe genommen worden. Auf dem Geständnisbrief, den er seiner Freundin schrieb, stand: »Lies ihn, wenn ich mich getötet habe.«

Sie öffnete den Umschlag sofort – und rief die Polizei. Das rettete das Leben des Vergewaltigers.

Später versuchte Robert R., sich in seiner Zelle zu erhängen. Mit einem Laken am Fensterkreuz. Psychologen hielten ihn für zurechnungsfähig, er verstehe seine Untaten. Und er sei als rückfallgefährdet zu betrachten.

Robert R. wurde zu neun Jahren und zehn Monaten Haft verurteilt – mit anschließender Sicherungsverwahrung.

Ennie und die anderen Opfer verurteilte er durch seine Taten zu einem lebenslänglichen Trauma. Aber hätte er sich durch einen Selbstmord aus dem Leben schleichen können, sich seiner Verurteilung entzogen – die Kinder hätten nie die Genugtuung gehabt, ihn hinter Gittern zu wissen.

*

Das ist es, was mir meinen Beruf sinnvoll erscheinen lässt: eine Verurteilung der Täter. Da kann die Justiz meinetwegen Zeter und Mordio schreien – ganz ohne mediale Öffentlichkeit würden weniger Mörder, Sexualstraftäter und sonstige Verbrecher gefasst. Nicht zu vergessen die öffentliche Meinung, die einen Prozess durchaus beeinflussen kann. Wie im Fall von Ennie kann es Opfern und Angehörigen auch helfen, über eine Presseveröffentlichung der Welt zu erzählen, was ihnen widerfahren ist. Für Ennie und ihre Mutter war es Teil ihres Kampfes, mit uns zu sprechen. So sehr ich mich zuerst auch innerlich gegen ein Interview und einen Beitrag gewehrt hatte. Die Erfahrung lehrt den Reporter, dass viele Leute viel dummes Zeug erzählen, leichtfertig Anschuldigungen erheben und sich ohne Rücksicht auf andere wichtig machen. Womöglich sogar ohne Rücksicht auf die eigenen Kinder. Hinzu kommt, dass auch Menschen mit einer ehrlichen Motivation, einer wahren Geschichte und einer durchdachten Meinung oft nichts von möglichen negativen Auswirkungen eines Artikels ahnen. Nachbarn, Bekannte, Kollegen und Vorgesetzte sehen einen womöglich am nächsten Tag am Kiosk auf Seite 1 – und denken sich ihren gehässigen Teil.

Noch der kleinste Bericht über ein scheinbar randständiges Thema kann bei Betroffenen im Guten wie im Schlechten viel bewirken. Jeder Reporter kann von Anrufen erzählen, die mit diesem Satz beginnen: »Sie ahnen ja gar nicht, was Sie angerichtet haben!« Und dennoch: Eine brisante Nachricht und eine mögliche Geschichte seiner Redaktion zu verschweigen käme einem journalistischen Kapitaldelikt gleich und wäre Arbeitsverweigerung. Wir sind »Witwenschüttler«, wir treten Menschen auf die Füße. Man kann immer nur hoffen und sich in der Recherche nach Kräften vergewissern, dass es die Richtigen trifft. Aber das tut es nicht immer. Viele Menschen werden Journalisten, weil sie die Welt verbessern wollen. Mein Mann sagt heute, dass ihm die Geschichten am liebsten sind, »die in der realen Welt keine Konsequenzen haben«. Er will die Welt zumindest nicht noch schlechter machen.

25
Ein Täter

In eisiger Kälte steht er vor dem Café nahe dem U-Bahnhof Eberswalder Straße. Die Hände tief in die Taschen seiner weißen Kapuzenjacke gestopft, lässt er seinen Blick unstet kreisen. Ein Sonntag im Januar 2013 und Lars, 49 Jahre alt, Ex-Knacki und arbeitslos, wartet auf mich. Wie ich aussehe, das weiß er nicht. Ich dagegen habe Lars schon einmal gesehen – auf einem Foto als Angeklagten in einem Prozess vor einigen Jahren vor dem Berliner Landgericht in Moabit. Lars ist früh dran. Zehn Minuten vor dem verabredeten Zeitpunkt. Ich bin auch zeitig eingetroffen. Aber ich lasse mir Zeit. Ich sitze in meinem Renault Twingo auf der gegenüberliegenden Straßenseite. Und beobachte meine Verabredung zum Kaffeeklatsch mit einem Sexmonster.

Ich war mir nicht sicher, ob ich das durchziehen könnte. Lars hatte mich genau eine Woche zuvor in der Redaktion angerufen. Er wolle seine Geschichte, seine Sicht, sein »Scheiß-Leben« (so sagte er) vor mir ausbreiten. Und ich sicherte ihm dafür vollkommene Anonymität zu. Das heißt, die Vergangenheit im erscheinenden Beitrag so zu umschreiben, dass ihn niemand aus seinem heutigen Bekanntenkreis ausmachen kann. Die Gefahr, bei solchen Gesprächen »unter drei« (Journalisten-Sprech für vertraulich) über den Tisch gezogen zu werden, ist immer sehr groß. In diesem Fall kannte ich aus der Berichterstattung über den Prozess einige Details.

Ich schüttelte seine Hand, war um Gelassenheit bemüht und ging mit ihm in das Café, in dem mich niemand kennt. Dort wählte ich einen Tisch in einer Ecke, sodass ich den Raum im Blick haben konnte. Dann holte ich uns zwei Cappuccino vom Tresen.

Lars, ein Mann im besten Alter – eigentlich. Aber am Tisch saß ein Häufchen Elend. Sein Blick war starr auf den Kaffeepott vor ihm gerichtet. Er knetete unaufhörlich seine ungepflegten Hände, die Nägel abgekaut. Hände, mit denen er Schreckliches getan hatte.

»Ich mach so etwas sonst nicht. Das müssen Sie wissen. Außerdem bin ich gerade aus dem Knast raus. Die Reporter von anderen Zeitungen stellen mir nach, machen Druck. Die würden sicher was bezahlen.«

Ich dachte, mich tritt ein Pferd. Warum er dann gerade mich angerufen habe, wollte ich wissen. Geld war bis dahin kein Thema gewesen. Wenn er das zuvor angesprochen hätte, wäre es nie zu diesem Treffen gekommen. Aus Erfahrung weiß ich: Wenn Geld eine Rolle spielt, wird übertrieben und gelogen. Wer Geld von Journalisten und angeblich furchtbar finanzkräftigen Redaktionen verlangt, ist in aller Regel ein erbärmlicher Aufschneider.

»Lassen Sie uns erst mal reden. Seit wann sind Sie aus dem Knast raus?«, fragte ich.

Ich hatte mich natürlich längst informiert. Aber ich wollte irgendwie doch noch ein Gespräch zustande bringen. Lars war erst einige Monate frei. Er war wegen Missbrauchs von Jungen verurteilt worden, gleichzeitig soll er die Minderjährigen auch einem zahlungskräftigen männlichen Berliner Publikum zugeführt haben.

»Dafür habe ich aber kein Geld gekriegt, mal einen Fünfer für Kippen. Die Jungen wollten das doch selbst, das waren alles Stricher vom Zoo.«

Statt jetzt einfach mal kleine Brötchen zu backen, machte er bei mir auf Unschuldslamm, auf Opfer – und erklärte missbrauchte Kinder auch noch zu selbstständigen Sexualpartnern. Dann kam er damit raus, was er eigentlich wollte. Rache! Er war sauer, dass er der Einzige war, der in diesem Verfahren über die Klippe sprang. Keiner seiner angeblichen Kunden würde belangt. Er habe bei einem sogar ganz bürgerlich im Betrieb gearbeitet: »Das ist so mies, der hat mich gefeuert.«

Die Situation war für mich zwiespältig. Einerseits hätte ich vor einem riesigen Pädophilen-Skandal in der Berliner Unternehmenswelt gestanden – und ihn womöglich aufdecken können. Jedenfalls theoretisch. Denn in Wahrheit sind viele Zeitungsredaktionen heute derart kleingespart worden, dass selbst für eine große Geschichte kaum mehr als zwei Stunden Recherchezeit bleiben. Texten, texten, texten wie am Fließband ist inzwischen angesagt. Die aktuelle Ausgabe muss ja voll werden. Wie soll man da einen wirklichen und womöglich komplexen Skandal aufdecken?

Vor allem aber zählte dieser Gedanke: Was wäre, wenn der Mann gelogen hat? Beweise wie Fotos hatte er auf jeden Fall keine, nichts Schriftliches, nicht einmal einen der minderjährigen Stricher, die seine Behauptungen bezeugen würden. Nur sein Wort. Das Wort eines pädophilen Kinder-Luden. Ich sprach kurz nach dem Treffen mit meinem Chefredakteur, wir beide entschieden uns gegen das Risiko. Dagegen, womöglich doch seriöse Geschäftsleute zu diffamieren nur auf der Grundlage einer Aussage dieses Mannes. Uns hätte eine Millionenklage gedroht.

26
Wenn Mütter die Augen verschließen

Sie kommen immer wieder vor. Diese Fälle, in denen Mütter die Augen verschließen, wenn der eigene Mann oder der neue Freund die Tochter missbraucht. Sie schauen weg, um die Fassade der perfekten Familie nach außen hin aufrechtzuerhalten. Sie schauen weg, um den vermeintlich besten Mann ihres Lebens nicht zu verlieren. So eine Mutter wird schon allein durch ihr Schweigen zum Mittäter.

Mit diesem Schrecken wurde ich Mitte der Neunzigerjahre gleich in zwei Fällen konfrontiert. Es mag Zufall sein, aber die Tragödien spielten sich in großer Nähe zueinander ab. Im südlichsten Teil Brandenburgs, fast an der Grenze zu Sachsen. Gleichwohl unterscheiden sich die Fälle signifikant.

Anita W. war ein bildschönes und kluges Mädchen, dunkelblond, mit grünen Augen. Sie malte viele Bilder von Pferden und zur Schule ging sie auch gern. Erst merkte niemand, dass Anita sich plötzlich zu verändern begann – und zu einem traurigen Kind wurde. Sie starb Anfang der Neunzigerjahre. Ihr Stiefvater tötete sie, damit Anita ihn nicht anklagen konnte.

Im Herbst 1993 habe ich über den unfassbaren Tod dieses Mädchens aus dem tiefsten brandenburgischen Hinterland geschrieben. Im Sommer darauf war ich beim Prozess gegen ihren Stiefvater. Konrad L. hatte das Mädchen erwürgt, weil es ihm gedroht hatte. Anita wollte alles, was er mit ihr gemacht hatte, ihrer Mutter sagen. Die arme Anita hatte sich nicht vorstellen können, dass diese genau wusste, was in der Plattenbau-Wohnung (4. Stock, drei Zimmer) vor sich ging, wenn sie noch bei der Arbeit war.

Anita kam jeden Tag früh aus der Schule und Konrad hatte keinen Job. Natürlich war jeder Vormittag Frust für ihn, während seine Freundin und Lebensgefährtin nicht daheim war. Die Mutter von zwei Kindern musste als Alleinverdienerin rackern, um das nötige Haushaltsgeld für die Familienkasse ranzuschaffen. Von Konrad war schließlich nicht viel zu erwarten. Mit der Zeit lauerte dieser Kerl regelrecht auf den Schulschluss der gerade einmal 13-jährigen Anita. Es begann ganz klassisch mit Andeutungen, zufälligen Berührungen – und später Anzüglichkeiten. Bis er eines Tages Anita dazu zwang, sich auszuziehen, kaum dass sie in der Wohnung war. Schnell, schnell, machte er. Bevor auch ihr Bruder seinen Schlüssel in die Tür stecken würde.

Soweit ich mich erinnere, zog sich der ganze Schrecken über Monate hin. Bis es irgendwann trotz fieser Drohungen und Behauptungen (»Dir glaubt das doch keiner«) aus Anita herausplatzte. Bis sie schrie und drohte, weil sie es nicht mehr ertragen konnte: »Ich sage es der Mutter!«

Da legten sich seine Hände um den Hals des Mädchens und sie pressten ihm erbarmungslos das Leben aus dem Leib. Eine Tat im Affekt, wie es später hieß. Den Körper Anitas entsorgte er, und seine Freundin, immerhin die Mutter des Kindes, ließ er glauben, dass Anita weggelaufen sei.

Ich war damals nach Anitas Verschwinden in der Wohnung in dieser kleinen Grenzstadt. Auch mir hatte der Mann von seiner angeblichen Angst um die Stieftochter berichtet und natürlich hatte ich ihm geglaubt. Er schien einfach so besorgt und auch fürsorglich. Ich habe tatsächlich bis dahin kaum einen besseren Lügner erleben müssen. Stein und Bein hätte ich geschworen, dass es zwischen diesem Mann und dem Mädchen nie etwas gab. Dass Anitas Mutter nicht mit mir sprechen wollte, begründete er mit deren tiefer Trauer.

Wochenlang kursierten die seltsamsten und wildesten Spekulationen über das Verschwinden der Schülerin. Bis schließlich die Ermittler erst in einem Tagebau Anitas geschändeten Körper und kurz darauf, bei einer erneuten Durchsuchung der Familienwohnung, ihr verstecktes Tagebuch fanden. Das tote Kind überführte letztendlich den Stiefvater selbst. Minutiös hatte das Mädchen ihren

Missbrauch protokolliert. Jeden widerwärtigen Handgriff, jede Drohung, die er aussprach.

Vor Gericht versuchte sich dieser Mann einen Sommer lang herauszuwinden. Er schwor, selbst das Opfer einer liebestollen Nymphe, einer Männerfresserin geworden zu sein. Von einem Kind so etwas zu sagen ist einfach unerträglich und pervers. Sein Urteil: 15 Jahre Haft wegen Totschlags. Anitas Mutter musste zwar kein Urteil der Richter fürchten. Aber sie muss mit der Schuld ihres Schweigens leben.

Mich hatte der Prozess sehr aufgewühlt. Ich wäre danach fast in den Tod gerast – auf der Strecke von Cottbus nach Berlin. Vor Erschöpfung wegen dieses Schocks hatte ich dem Tempomaten unseres alten Mercedes die Heimfahrt überlassen. Nicht gerade einer meiner klügsten Einfälle. Ich raste auf der A13 kurz vor Berlin in einer Kurve auf geradem Weg über einen Seitenstreifen in den Straßengraben. Dort wurde ich wach ...

*

Ein paar Jahre später fuhr ich gemeinsam mit einem Kollegen erneut in diese entlegene Landesecke. Zwei Mütter hatten sich an unsere Redaktion gewandt, weil sie nicht mehr wegschauen wollten – so sagten sie auf jeden Fall. Jahrelang hätten sie ihren Mund gehalten, den Verdacht lieber heruntergeschluckt, statt ihn einfach einmal auszusprechen. In einer Zeit, in der es damals vermehrt Berichterstattung über Kindesmissbrauch gab, kamen die Schwestern plötzlich damit heraus.

Das allein betrachtet weckte schon mein Misstrauen, ihr Anruf in unserer Redaktion erst recht. Die Frauen warteten daheim mit einer Kaffeetafel zum Frühstück auf uns. Es gab Brote mit Wurst und Käse, Kaffee stark und schwarz. Nach kurzen Höflichkeiten kamen sie auf den angeblichen Missbrauch zu sprechen. Sie sagten, ihre Männer hätten sich nicht nur an ihren Kindern, sondern auch an weiteren Jungen und Mädchen in ihrem Freundeskreis vergangen. Das Sexkomplott hätten die Männer sorgfältig geplant.

Ich weiß nicht mehr, wie ich in diesem Moment gewirkt haben mag. Vielleicht entsetzt oder einfach nur ungläubig. Jedenfalls breiteten sie vor mir eine doch sehr abenteuerliche Geschichte aus. Aber gleichwohl hatten diese Frauen auf jede meiner Fragen eine plausible Antwort parat – auch wenn sie nicht gerade einen überdurchschnittlich klugen Eindruck machten. Ich war hin- und hergerissen. Sie hatten ihre Männer längst angezeigt, aber auch die zuständigen Ermittler wollten ihnen keinen Glauben schenken. Deshalb hatten sie sich bei der Zeitung gemeldet und mich geholt.

Um mich zu überzeugen, nötigten beide ihre Töchter, mir alles genau zu erzählen. Ich konnte mir nicht helfen: Das alles klang für mich völlig künstlich und einstudiert. Sicher, wenn man sein Kind auf etwas Schwieriges vorbereitet, kann das passieren. Aber auch die Polizei hatte die Betroffenen schon befragt und das Ermittlungsverfahren gegen die Beschuldigten nicht einmal eröffnet.

Ich tat nichts. Und ich schrieb auch nichts in der Zeitung. Aber was ist nur, wenn sie doch nicht gelogen haben?

*

Das Folgende geschieht unglaublich selten, passt aber doch zu den beiden vorher geschilderten Fällen: Eine Mutter beteiligt sich am Missbrauch der eigenen Tochter. Ich wurde bisher nur ein einziges Mal in meinem Arbeitsleben mit so etwas konfrontiert. Es machte mich sprachlos. Ich saß im Gerichtssaal an dem Tag, an dem die geschändete Jennifer N. (14) in den Zeugenstand treten sollte.

Sie schrie und schüttelte sich in Weinkrämpfen. Jennifer ertrug die Situation nicht, Mittelpunkt allen Interesses zu sein. Alle Augen waren auf sie gerichtet – auch die ihrer Eltern. Das Mädchen sprang vom Zeugenstuhl auf, lief zur Tür und raus auf den kargen Gerichtsflur.

Ich war wie erstarrt. Der Richter, der Staatsanwalt und die beiden Verteidiger blickten ratlos angesichts dessen, was gerade geschehen war. Ein Opfer flüchtet, weil es aussagen soll – gegen seinen Stiefvater und die eigene Mutter. Jennifer war 129 Mal vergewaltigt worden, seit sie neun Jahre alt geworden war. Aber in diesem Fall saß die Mutter eben nicht auf der Anklagebank, weil sie weggeschaut hatte. Im Gegenteil: Sie hat die Tochter gemeinsam mit ihrem Mann missbraucht. Der Richter löste sich als Erster aus der Starre, lief dem Kind hinterher, legte die Arme um Jennifer. Er nahm das zitternde Kind in die Arme, beruhigte es. Eine ungeheuer anständige und mitfühlende Geste, die ich nie zuvor bei einem Richter gesehen hatte.

Jennifer musste ihre Aussage nicht fortsetzen. Ihre Mutter erhob sich und nahm es der Tochter ab, diesen abscheulichen Missbrauch vor Richter und Zeugen zu schildern.

»Ich liebe meine Tochter. Nur um sie zu schützen, habe ich uns angezeigt«, erklärte die Mutter weinend.

Die Blicke der Anwesenden, die im Gerichtssaal auf sie gerichtet waren, drückten irgendetwas zwischen Abscheu und Erstaunen aus. Die 44-Jährige sprach weiter.

»Warum ich mitgemacht habe, weiß ich nicht.«

Sie konnte auch nicht erklären, warum sie zu dem Zeitpunkt überhaupt noch mit diesem Kerl zusammen war. Der damals 58-Jährige hatte ihr Kind schon einige Jahre vor den jetzt angeklagten Taten missbraucht. Dafür saß er sechs Monate im Gefängnis. Eigentlich ist es unglaublich, aber die Mutter hatte den Mann nach seiner Haftentlassung wieder aufgenommen und so ihre Tochter in neue Gefahr gebracht.

»Nach der Haft ging alles zwei Jahre gut«, sagte die Frau dem Gericht. »Dann habe ich ihn halb nackt an Jennifers Bett erwischt. Ich sah, wie er sie anfasste.«

Die Tat soll sich im Januar 1993 ereignet haben. Damals soll der ungepflegte, kleinwüchsige Mann die Schülerin das erste Mal vergewaltigt haben.

»Ich merkte gleich, dass etwas nicht stimmte«, erinnerte sich die Mutter. »Als ich mich aufregte, gab er mir und meiner Tochter Wein zu trinken.« Er lullte seine Frau ein. »Dann passierte es. Ich war erregt, hielt mein Kind an den Haaren fest. Sie wehrte sich so sehr. Mein Mann schlief mit ihr.«

Bis Juni 1993 machten es die Eltern von da an jedes Wochenende mit ihrem Kind. Rund 25 Mal war die Mutter daran beteiligt. Ungeachtet der unglaublichen Verzweiflung des Mädchens, das niemanden hatte, dem es sich in dieser entsetzlichen Situation anvertrauen konnte.

»Dann wollte ich nicht mehr.« Kein Warum, keine Erklärung. Die Mutter sagte nur: »Dann wollte ich nicht mehr. Mein Mann hörte auch auf. Doch ich war mir dessen nicht 100-prozentig sicher. Außerdem ließ mir mein Gewissen keine Ruhe.«

Der Mann stritt die Vergewaltigungen vehement ab: »Ich habe die Kleine nur dreimal angefasst. Die wollen mir doch nur was anhängen.«

Das glaubte ihm niemand. Er musste erneut einige Jahre in Haft. Die Mutter bekam eine Bewährungsstrafe.

27

Wenn sich das eigene Kind das Leben nimmt

Ich habe mich immer gefragt, was schlimmer sein könnte: Sein Kind durch die Hand eines Mörders zu verlieren oder wenn es selbst und freiwillig aus dem Leben scheidet? Eine Antwort habe ich nicht gefunden. Ich denke jedoch, dass man sich die Tat eines Dritten besser erklären kann. Man hat dann sein Kind vielleicht nicht so beschützt, wie man es sich gewünscht oder von sich selbst erwartet hätte. Und die Selbstvorwürfe zerfleischen einen bestimmt. Aber man hat eine Antwort durch das Motiv des Täters. Die haben Mutter und Vater bei einem Selbstmord ihres Kindes selten. Und egal, wie alt dieses Kind ist – man muss mit den offenen Fragen leben.

Ich saß einmal bei solch einer Mutter auf dem Sofa und wir führten ein inniges, ja fast intimes Gespräch. Schließlich waren wir beide Mütter. Marlies ist diese Frau, an die ich oft denke. Leider haben wir den Kontakt zueinander über die vergangenen Jahre verloren. Ich glaube jedoch, für meine Psyche ist das besser.

Ein Herbst Anfang der 2000er-Jahre. Marlies aus Weißensee hatte sich in der Leserbriefabteilung unserer Redaktion gemeldet. Ich kann mich nicht erinnern, ob mit einem Brief oder per E-Mail. Sie teilte meiner Kollegin dort mit, dass sie ein Buch über den Selbstmord ihres Sohnes schreiben will, aber keinen Verlag dafür findet. Solche Nachrichten werden bei uns routinemäßig an die Leitung des Lokalressorts und an einen dafür infrage kommenden Redakteur geschickt.

Ich hielt kurz Rücksprache mit meinem damaligen Lokalchef, einem wunderbar kreativen und manchmal wundervoll eigensinnigen Menschen, der unsere Redaktion leider verlassen hat und heute in Norddeutschland arbeitet. Er sagte nur einen Satz: »Das können Sie.«

*

Ich rief Marlies an und vereinbarte einen Termin für den nächsten Tag. Die Frau hatte eine warme Stimme am Telefon. Ich wusste gleich, dass wir uns verstehen würden.

Eine kleine Erdgeschosswohnung mit hellen Holzmöbeln und vielen Büchern. Kinderbilder an den Wänden. Marlies, klein und etwas pummelig, hatte Kaffee gekocht und Brötchen geschmiert. Irgendwie steckte mir aber schon ein Kloß im Hals. Ich hatte keine Ahnung, wie ich das Gespräch beginnen sollte. Das Schweigen zwischen uns brach schließlich Marlies selbst.

»Ich habe so viele Fragen und stehe ohne Antworten da«, sagte sie. »Was er wohl gedacht hat, in seinen letzten Stunden? Hat er geweint, hat er gezögert oder war er vielleicht doch ganz fest entschlossen, es zu tun?«

Ich war nicht vorbereitet.

»Es gab doch keine Anzeichen dafür, dass so etwas passieren könnte. Christian hat mich einfach alleine gelassen.«

Selbst das Trauern musste sie lernen.

»Aber was ist Trauern überhaupt? Ich wusste das nicht. Ich war nur wütend.« Und dafür schämte sie sich.

Der Selbstmord von Christian P. lag mehr als zehn Jahre zurück. Christian hatte sich mit einer Drahtschlinge an der Decke seines Zimmers erhängt, als seine Mutter mit seinen jüngeren Schwestern (damals elf und 18 Jahre alt) in den Ferien war. Es war ihr erster Urlaub ohne Christian. Ihr Junge hatte damals gerade erst einen neuen Job gefunden und konnte deshalb natürlich nicht mitfahren.

Der Urlaub war gut, er hat Spaß gemacht. Mutter und Töchter haben eine tolle Zeit miteinander verbracht – ohne auch nur eine Minute zu ahnen, welche Tragödie sich derweil in Berlin abspielte. Wieder zurück in der Heimat, war es Marlies selbst, die ihren Sohn tot in seiner Wohnung entdeckte.

»Ich klingelte bei ihm. Aber niemand machte mir auf. Ich klingelte erneut, pochte an die Tür und rief seinen Namen.«

Es geschah nichts. Schon unter dem Eindruck des Chaos ihrer Gefühle nahm Marlies ihren Zweitschlüssel.

Was sie dann sehen musste, überstieg ihr Aufnahmevermögen. Im Flur lief Marlies schon Lerry, Christians kleiner Hund, jaulend entgegen. Das Tier war total verstört. Und dann war da dieser schwere Geruch in der Wohnung. Einordnen konnte Marlies das nicht, sie war mit der Situation überfordert.

»Es stank ganz erbärmlich überall. Und mitten im Zimmer hing eine Puppe mit riesigen Ausmaßen.«

Dass diese Puppe ihr eigener Sohn sein könnte, kam der geschockten Mutter zunächst gar nicht in den Sinn.

Mir trieb ihre Schilderung die Tränen in die Augen. Ich dachte sofort an mein eigenes Kind. Wie nur soll man das aushalten, ertragen und verarbeiten?

Christian, tot?

»Ich wollte, ich konnte das einfach nicht glauben.«

Marlies ging zu einem Nachbarn ihres Sohnes und bat ihn, auch noch einmal nachzuschauen.

»Ich wollte wissen, ob das wahr ist, was ich da sah.«

Der Nachbar bestätigte ihr, dass die Puppe Christian war. Der Schock traf Marlies mit voller Wucht. Wie eine Faust, die einem mit Macht in den Magen schlägt. Eine Welle von Schmerzen, die durch den Körper fährt. Aber der Kopf lässt die Information erst überhaupt nicht rein. Wie von Sinnen lief Marlies aus dem Haus.

»Ich schrie. Ich weinte. Erst dann begriff ich langsam, was eigentlich passiert war. Aber warum nur?«

Ich war atemlos und wollte nicht über das nachdenken, was sie mir gerade gesagt hatte. Auch ich musste mich fassen, hatte doch noch nie jemand mir die schlimmste Zeit in seinem Leben so nahe gebracht. Ganz klar, ich brauchte eine Pause. Ich lenkte das Gespräch auf Christian und wollte wissen, wie er so war – ihr Sohn. Ich gewann dabei durchaus den Eindruck, dass ihr der schnelle Gesprächswechsel auch guttat. Der Ausdruck in Marlies' Augen wurde plötzlich ganz weich.

Christian war ein Junge ohne Selbstvertrauen. Deshalb war seine eigene Meinung über sich denkbar schlecht: »Ich tauge zu nichts!« Das war das bittere Fazit, das sein Selbstgefühl begründete.

Mutter Marlies und seine Schwestern sahen Christian ganz anders: »Er war ein so liebenswerter Mensch, so intelligent und gerade erst auf dem Weg, sein Leben doch noch in den Griff zu kriegen.«

Kein Wunschkind – ein »Unfall«. Aber doch so geliebt. Christian kam 1974 zur Welt. Marlies blickte zurück. »Was habe ich mich schrecklich gefreut.«

Es war doch ihr erstgeborenes Kind – etwas ganz Besonderes im Leben einer Frau.

Natürlich las sie ihm jeden Wunsch, so erfüllbar, von den Lippen ab. Christian wuchs glücklich heran. Mit seiner Einschulung im Sommer 1981 kamen aber die ersten Probleme.

»Schon damals hatte Christian Schwierigkeiten, sich durchzusetzen. Wenn es Streitereien mit Kindern in der Schule gab, kam er oft bitterlich weinend heim.«

Überhaupt, Christian war am liebsten zu Hause, bei der Mutter, den Schwestern. Auch noch mit 14 Jahren, dem Alter, in dem sich doch eigentlich alles um die erste Liebe dreht. Eine Freundin, der erste Kuss, die ersten aufregenden Gefühle, dieses großartige Kribbeln im Bauch.

Marlies: »Nicht bei Christian. Noch nicht mal richtig verliebt war er.«

Seine Lehre als Mechaniker bei der Berliner Stadtreinigung wurde ein Fiasko. Christian kam mit seinem männlichen Kollegenkreis überhaupt nicht klar. Er fühlte sich zunehmend verunsichert, ging nur noch mit der Angst im Nacken dorthin. Februar 1993: Die Verzweiflung des Jungen war so groß. Christian sah keinen Ausweg mehr. Da schlich sich die Todessehnsucht in sein Leben. Der Wunsch nach dem großen Nichts, der schließlich das Ruder übernahm. Nicht mehr denken, nicht mehr leiden. Christian trank Bremsflüssigkeit. Er wollte sich vergiften. Doch noch ein Funken

Unsicherheit, ein Funken Lebenslust muss da in ihm gesteckt haben. Christian meldete sich bei seiner Mutter. Er sagte es ihr, ging zu ihr.

Eine Situation, die man sich nicht einmal vorstellen will. Das eigene Kind mit einem tödlichen Gift im Bauch steht vor einem. Helfen lassen wollte sich Christian nicht. Es kam noch viel schlimmer. In ihrer Wohnung wollte er seinem Leben ein Ende setzen, sich vom Balkon stürzen – aus dem 9. Stock. Vor den Augen der Mutter, vor den Augen der jüngsten Schwester. Das Mädchen sprach mit ihm und hörte einfach nicht damit auf, während die Mutter die Feuerwehr alarmierte.

Marlies: »Als die Feuerwehr kam, konnten wir Christian endlich überreden aufzugeben.«

Marlies bemühte sich um eine Familientherapie. »Ich dachte, wir bekämen das in den Griff.«

Zuerst schien es auch so, als wenn Christian sich wieder gefasst hätte. Als wenn er sich in stabileren Lebensbahnen bewegen würde. Doch es war nur ein Schein. Die BSR, sein Arbeitgeber, gab ihm eine zweite Chance. Es war aber nur ein Aufschub, nur ein einziges geschenktes Jahr. Die Todessehnsucht in Christian tobte weiter. Christian schmiss seine Lehre im Frühjahr 1994 endgültig hin.

Das war heftig, aber doch in Ordnung für seine Mutter. Schließlich wollte sie nur eines: Ihr Sohn sollte wieder glücklich sein. Doch es ging etwas Seltsames in Christian vor.

»Zu der Zeit veränderte er auch sein Aussehen radikal«, sagte Marlies zu mir. Seine schönen dunkelblonden Locken: Christian säbelte sie sich regelrecht ab. Er schor seine Haare auf nur wenige Millimeter Länge. Von seiner Familie kapselte er sich immer mehr ab. Christian lag viel im Bett, wollte mit niemandem über seine Probleme reden.

Doch weil er gleichzeitig Bewerbungen schrieb und sich sogar einen Hund aus dem Tierheim holte, bemerkte niemand, wie böse es eigentlich um Christian stand – bis zu dem schrecklichen Sommer 1994.

Christian schrieb seiner Familie einen Abschiedsbrief: »*Dass alle Hilferufe umsonst sind, seht ihr hier*«, stand darin. »*Das ist jetzt das Ende.* ›*Wer im Gedächtnis seiner Lieben lebt, ist nicht tot, nur fern. Tot ist nur, wer vergessen wird.*‹ ... *Ich liebe euch ... Ciao.*«

Es waren Zeilen, die Marlies immer und immer wieder aufs Neue las. Sie sagte: »Es hat sehr lange gedauert, bis ich Christian verstand und seine Entscheidung akzeptieren konnte.«

Selbstvorwürfe? Waren die da? Ich habe Marlies gefragt.

»Die habe ich mir zum Glück nie gemacht. Das hatte ich zum Glück aus der Familientherapie mit Christian mitgenommen.«

Die Tage, Wochen und Monate nach dem Selbstmord ihres Sohnes waren für Marlies ein Leben wie in tiefer Trance. Sie musste funktionieren. Ihre Töchter verdrängten seinen Tod. Das war einer der Gründe, warum Marlies sich entschloss, eine Selbsthilfegruppe zu gründen. Für sie war es wichtig zu sehen, dass es noch andere gab, die Ähnliches durchmachten.

Marlies lernte in der Gruppe, dass es bei Selbstmord Parallelen gibt. Frühe Warnzeichen. »Christian hatte seinen Kopf aus Fotos herausgeschnitten. Das habe ich erst hinterher bemerkt.«

Auch die Kinder der anderen Eltern hatten dies und Ähnliches getan. Das war mir neu. Allerdings hatte ich mich bis dahin noch nicht so extrem mit diesen Dingen auseinandergesetzt. Waren doch meine eigenen Selbstmordversuche – mit elf Jahren schluckte ich eine Familienpackung Biral (ein Beruhigungsmittel), dann die ständige Ritzerei – tatsächlich nur Hilferufe. Aber was heißt eigentlich: Nur ...?

In der Nachbetrachtung glaube ich nicht, dass ich tatsächlich bereit war zu sterben. Außer vielleicht für einen ganz kleinen Moment. Es war die Hilflosigkeit, die mich trieb. Ich wollte darauf aufmerksam machen, dass ich am Rande einer katastrophalen Entscheidung stand.

*

Leichter machte das geteilte Leid Marlies' Leben nicht. Sie war die Erste, die ihre eigene Gruppe verließ. Sie wagte eine Flucht nach vorn. Ein neuer Job in Frankfurt am Main. Mit der jüngsten Tochter ließ sie ihr Leben in Berlin und auch Christian Hunderte von Kilometern hinter sich.

»Konntest du die Vergangenheit so einfach abschütteln?«, fragte ich sie.

Marlies schüttelte den Kopf. »Es war am Ende nur ein Aufschub«, antwortete sie mir.

Zwei Jahre dauerte die Zeit im Westen, dann bekam sie überraschend die Kündigung und zog zurück nach Berlin.

Das war für sie *der* Sturz ins Bodenlose. Alles holte sie ein. »Plötzlich funktionierte überhaupt nichts mehr. Ich konnte nicht einmal mehr arbeiten«, erzählte Marlies mir.

Sie quälten Depressionen. Davon konnte ich ja auch ein Lied singen, nur dass es bei mir dafür – ich danke Gott dafür – andere Gründe gab. Aber so unterschiedlich wir doch waren, eines hatten wir gemeinsam: Wir beide haben über Jahre hinweg eine Rolle gespielt und eine intakte Fassade aufrechterhalten. Ich konnte das so gut nachvollziehen. Dieses Verdrängen. Kein Geburtstag, kein Weihnachten – Marlies und ihre Töchter haben sieben Jahre lang nichts gefeiert. Warum gerade sieben Jahre? Marlies wusste es nicht. Nur, dass es bei vielen Eltern sieben Jahre sind. Erklären kann man das nicht.

Ein Unfall riss Marlies aus der Lethargie heraus. Es war wie eine Schicksalsfügung. Marlies brach sich ihr Sprunggelenk und kam kaum aus der Wohnung. Da entstand in ihr der Wunsch, ein Buch zu schreiben. Eine Therapie. Alles aus dem Kopf schreiben, so wie ich es selbst mit diesem Buch versuche. Marlies wollte anderen Eltern helfen, die plötzlich ebenfalls solch einen Schicksalsschlag erleiden müssen.

»Nach der Wut kommt Trauer, zum Schluss denkt man voller Liebe an sein Kind«, das war nach der langen Zeit endlich tief in ihr angekommen. Einen Verleger für ihr Buch fand sie aber nie. Also schreibe ich jetzt und hier ihre überaus traurige und doch auch ermutigende Geschichte auf. Sie hat es verdient.

28
Hinter der Tür

Wenn Journalisten an einer Wohnungstür klingeln, wissen sie nie, was sie dahinter erwartet. Aber das Abklappern von Haustüren gehört nun mal zum Geschäft. Die weinenden Angehörigen rühren die Seele. Das ist die eine Seite. Aber worüber niemand nachdenken will, das sind die unvorhersehbaren, im schlimmsten Fall lebensgefährlichen Situationen, in die man geraten kann.

Nazi-Mord in Brandenburg. Da kam ich richtig in die Bredouille. Ein junges Mädchen aus der rechten Szene hatte in Hennigsdorf nördlich von Berlin ihren Freund eiskalt umgebracht. Seit dem Verbrechen sind fast 20 Jahre vergangen – aber das demütigende Gefühl, selbst Gewaltopfer geworden zu sein, vergesse ich nie.

Ich war an jenem Tag mit einer ebenfalls noch sehr jungen Fotografin unterwegs. Wir schauten uns am Haus der Täterin um, da war nichts zu holen. Kein Mensch war da, die Tür von der Polizei versiegelt. Im Anschluss fuhren wir zur Stadtverwaltung und bekamen einen Hinweis auf die Wohnung des Getöteten. Sie lag direkt gegenüber der Behörde.

Es war ein Abbruchhaus mit verwildertem Vorgarten. Wild entschlossen, hier etwas zu reißen, gingen wir zur Haustür. Es war schon dunkel. Die Klingeln am Haus funktionierten nicht, dafür ließ sich die Holztür mit leichtem Druck öffnen. Auch wenn dem Haus draußen nicht anzusehen war, wer darin so lebte, wurde uns dies im Flur sofort klar. Hakenkreuze und fremdenfeindliche Sprüche (»Ausländer raus«) waren an die Wände des Treppenhauses geschmiert. Das hätte uns Warnung genug sein müssen. Wir aber klopften unbeirrt in jeder Etage an.

Der 4. Stock rechts, es war die letzte Tür. Auch dort muckte sich niemand. Als wir uns aber umdrehten, um zu gehen, stapfte ein feister Typ die Stufen hoch. Ein Kerl, der völlig dem Klischee eines Neonazis entsprach: Springerstiefel, Bomberjacke und ultrakurzes Haar.

»Was wollt denn ihr zwei?« Der Spruch hörte sich eigentlich ganz locker an. Er war auch nicht erkennbar sauer.

»Der Tote, war das dein Kumpel?«, fiel ich daher gleich mit der Tür ins Haus.

»Ja, wartet, da hol ich euch was«, entgegnete der Neonazi. Er war noch immer nicht unfreundlich.

Wir dachten, naiv, wie der Reporter trotz seiner harten Selbstinszenierung gerne mal ist, an ein Foto des Opfers. Also blieben wir vor der Tür. Der Mann verschwand dahinter, kam zurück und hielt – das ist jetzt wirklich keine Schwindelei – eine Kettensäge in den Händen. Meine Kollegin drehte sich auf dem Absatz um und flog fast die Treppen hinunter. Ich wollte mir diese Blöße nicht geben. Obwohl ich mir vor Angst fast in die Hosen gemacht hätte. Ich ging langsam weg und redete dabei ruhig auf den Mann ein. Er stieß mir immer wieder mit der Kettensäge zwischen die Schulterblätter. Das Ding war natürlich nicht eingeschaltet. Es gab ja ohnehin keinen Strom im Haus. Aber ganz ehrlich: Mir war kotzübel. Unten vor dem Gebäude stand inzwischen der Rest seiner rechtsradikalen Bande. Fünf oder sechs kräftige Nazi-Typen wie er. Sie nahmen mich in die Mitte und bildeten einen Kreis. Sie fingen an, mich übel zu beschimpfen. Mich packte in dem Moment die nackte Angst. Dann schlugen die feigen Kerle zu. Sie klatschten mit ihren flachen Händen in meinen Nacken hinein, stießen mich dabei von einem zum anderen. Die Passanten auf der Straße machten einen großen Bogen um die Schläger, anstatt mir zu helfen. Meine Fotografenkollegin stand mit einem Reporter einer anderen Berliner Boulevardzeitung etwas abseits. Sie waren auch völlig hilflos.

Ich kniete mich in meiner Not irgendwann einfach auf den Gehweg. Ich hielt meine Arme über den Kopf und schrie los wie noch nie zuvor in meinem Leben. Da endlich ließen die Männer von mir ab und gingen, als wäre überhaupt nichts geschehen.

*

Noch heute geht es mir schlecht, wenn ich an diese Situation denke. Die körperlichen Auswirkungen wie Zittern der Knie, Herzklopfen und Übelkeit vergehen irgendwann. Aber tief drinnen in mir hat sich die Angst, erneut so in Gefahr zu geraten, manifestiert. Was mich immer gewundert hat, war, dass sich in der Redaktion nie jemand so richtig für den Vorfall interessiert hat, als ich davon berichtete. Kürzlich jedoch fragte mich ein ganz junger Kollege nach einem meiner schlimmsten Erlebnisse. Ich erzählte ihm davon, und er war ganz ehrlich schockiert.

29
Auf dem Sofa mit einem Mörder ...

... saß ich eines Nachmittags völlig unerwartet. Denn dass dieser kleine Brillenmann ein Mörder sein könnte, hätte ich nie für möglich gehalten, als ich an jenem Tag Ende 1997 bei dem damals 61-jährigen Werner G. an der Wohnungstür klingelte. Spaziergänger hatten einige Tage zuvor die Leiche seiner drei Jahre jüngeren Freundin in einem Kanal in Brandenburg gefunden. Es hatte einige Zeit gedauert, die Frau aus Berlin-Pankow zu identifizieren, weil Werner G. sie erst vier Tage nach ihrem Verschwinden als vermisst gemeldet hatte. Er behauptete uns und der Polizei gegenüber, sie sei auf einem Wandertrip gewesen. Er habe sich deshalb auch zunächst gar keine Sorgen gemacht.

Mit mir plauderte er über die Ereignisse am Kaffeetisch. Er – weißes Hemd und graue Opa-Hose – machte einen schockierten, aber nicht aufgeregten Eindruck. Ich saß bei ihm auf dem Sofa und aß Plätzchen, die seine getötete Freundin noch in der Vorweihnachtszeit gebacken hatte.

»Beim Frühstücken erzählte sie mir, dass sie wandern gehen wollte«, sagte Werner G. zu mir. Es sei schon überraschend gekommen, aber nicht allzu ungewöhnlich gewesen. Er selbst sei kurz darauf zum Einkaufen gefahren. »Als ich am Abend gegen 19 Uhr heimkam, war sie weg. Ihre Wanderschuhe, Tasche, Personalausweis und Reisepass fehlten.« An der Küchentür habe ein Zettel geklebt mit der Nachricht: *Bin nach Neuzelle, ins Oderbruch, mache einen Trip nach Polen.*

Obwohl ihr Sohn am nächsten Tag Geburtstag hatte, habe sie sich merkwürdigerweise nicht gemeldet. Die Geschichte wurde von ihm perfekt vorgetragen – wie auswendig gelernt. Ich fragte ihn nach der Beziehung, er sprach von großer Liebe. Dass er im

Knast saß, als sie sich über eine Kontaktanzeige kennenlernten, verschwieg er tunlichst vor mir.

Was ich nicht ahnte: Werner G. war ein ausgesprochen geübter Lügner mit 22 Vorstrafen: Urkundenfälschung, Betrug, Unterschlagung. Zuletzt saß er wegen der Erpressung einer großen Lebensmittelkette hinter Gittern. Ein Gewohnheitsverbrecher also. Aber das wusste ich, wie gesagt, zu diesem Zeitpunkt noch nicht. Außerdem gab es damals noch nicht die Recherchemöglichkeiten, die einem heute das Internet bietet – mit all den sozialen Netzwerken, in denen die Menschen ganz unbedarft über sich plaudern. Später, nachdem alles aufgeflogen war, nannten wir Werner G. spöttisch: den Buchhalter des Todes.

Als wir gehen wollten, zeigte er uns noch das Badezimmer, um die Wandergeschichte, die er uns aufgetischt hatte, zu untermauern. »Sehen Sie, ihre gesamte Kosmetik ist weg.«

Ich fand den ganzen Auftritt höchst seltsam. Kaum wieder im Treppenhaus, sahen mein Fotograf und ich uns verwundert an. »Da stimmt doch was nicht«, sagte ich. Mein Kollege nickte.

Bis in die Abendstunden grübelte ich über den Nachmittag mit Werner G., dann rief ich den zuständigen Ermittler an. Ich tat das nur, weil ich den Polizisten, den geschätzten und schon erwähnten Reinhard H., bereits seit Jahren kannte. Er bestätigte meinen Eindruck. »Ich glaube auch, dass da was faul ist«, sagte er. Dann bat er mich: »Schreiben Sie bitte nichts dazu. Wir wollen ihn nicht warnen.«

Ein paar Tage darauf klickten für Werner G. die Handschellen: Die Spurensicherung hatte in seinem Lieferwagen das Blut seiner Frau gefunden.

Aber auch dafür hatte Werner G. eine Erklärung parat: »Ich fand sie tot im Badezimmer, als ich vom Einkaufen kam.« Er habe wegen seiner Vorstrafen große Angst gehabt, man würde ihm nicht glauben.

Angst hatte er sicher. Aber seine abenteuerliche Geschichte nahm ihm niemand ab. Die Kriminaltechniker konnten ihm später nachweisen, dass er seine angeblich so große Liebe in der Wanne erschlagen, in eine Wolldecke gepackt und zu dem Kanal gefahren hatte. Dort fand ein Spaziergänger die Leiche – nur mit einem Slip und einem Anorak bekleidet. Dann bröckelte auch noch das Alibi des Täters, ein angeblicher Konzertbesuch nach dem Einkauf. Es fand sich ein Zeuge, der Werner G. am Kanal gesehen hatte.

30
Held sein

Es gibt sie natürlich: die wenigen Begebenheiten, auf die ich stolz bin, weil ich weiß, dass ich mich richtig verhalten habe. Meine Schockerlebnisse mit einem jungen Mann aus Brandenburg gehören dazu. Er machte eine ganze Reihe von Dummheiten, die mit der Zeit auch gefährlich für Unbeteiligte wurden. Als seine Aussetzer nicht mehr zu verantworten waren, bot ich mich der Polizei als Lockvogel an, um ihn auch zu seinem eigenen Schutz aus dem Verkehr zu ziehen. Die Polizei benutzte mich auf meinen Vorschlag hin als Köder – trotz des nicht einzuschätzenden Risikos. Der junge Mann, ich nenne ihn hier Heiko, stand mit einem Messer bewaffnet auf dem Dachboden einer Schule im Berliner Osten und drohte mir telefonisch mit einem großen Abgang. Aber von vorne …

Mitte der Nullerjahre. Heiko wollte sterben, so sagte er. Ich denke, dass er eigentlich nur die größtmögliche Aufmerksamkeit für sich wollte. Sonst hätte er sich doch im stillen Kämmerlein umgebracht. Heiko war verzweifelt, weil ihn seine von ihm schwangere Freundin verlassen hatte. Er kletterte auf einen Kran. Er wollte damit bewirken, dass sie ihn wieder reumütig zurücknimmt. Alles sollte wieder gut werden. Die Klettertour entwickelte sich zu einem stundenlangen Drama, an dessen Ende die Polizei zwar seine Freundin dazu bewegen konnte, ihn zur Aufgabe zu überreden. Zurück wollte sie Heiko jetzt aber erst recht nicht mehr. Sämtliche Berliner Medien berichteten über den Vorfall.

Während ihn alle Reporter in psychiatrischer Betreuung vermuten, wie es auch von der Polizei versichert wurde, tauchte Heiko einige Zeit später im Foyer unseres Verlages an der Karl-Liebknecht-Straße auf. Ich war nicht mehr in der Redaktion, weil ich mir endlich vorgenommen hatte, Feierabend zu machen, wenn es eigentlich nichts mehr zu tun gab.

Meine junge Kollegin und ein anderer Kollege aus der Lokalredaktion nahmen Heiko überrascht in Empfang. Sie gingen, ganz professionell, mit ihm in eine nahe Kneipe. Bei ein oder zwei Gläsern Bier erzählte er ihnen, was ihn zu diesem Kran-Wahnsinn bewegt hatte. Es war besagte Trennung von seiner Freundin.

Daraus entstand ein großer Beitrag unter dem Motto »Jetzt redet der Mann vom Kran«. Danach wurde es für eine Weile ruhig um Heiko. Bis er plötzlich in unserer Polizeiredaktion anrief und mich am Hörer hatte. Er wollte eigentlich meine Kollegin sprechen, die er ja schon kannte. Sie war nicht da. »Ruf doch einfach ein anderes Mal an«, bat ich ihn.

Heiko druckste herum, aber ich hatte eigentlich keine Lust, mich großartig mit ihm zu beschäftigen. Dieser Typ war mir doch zu durchgeknallt. Aber ich bin auch eine Mutter, Heiko war jung und er traf genau diesen Nerv bei mir. Er wirkte fast noch wie ein Teenager, und mir war schon klar, dass er dringend Hilfe suchte. Außerdem ließ er sich nicht abwimmeln. Es ging natürlich wieder um sein altes Problem: Seine Freundin, das Baby war inzwischen da, ließ Heiko nicht in dem Maße für sein Kind sorgen, wie er es sich vorstellte. Heiko träumte von einer intakten kleinen Familie. Er weinte am Telefon. Ich tröstete ihn und gab ihm Ratschläge, wie es seine Mutter hätte tun sollen. Nach einer guten Stunde konnte ich ihn einigermaßen beruhigen. Ich erzählte meiner Kollegin später davon, falls er erneut bei ihr anrufen würde.

Heiko rief aber niemals wieder bei ihr an. In den folgenden Wochen des Jahres 2007 entschloss er sich stattdessen, regelmäßig in der Nacht auf irgendwelche Kräne in Berlin zu klettern. Immer noch nicht von einem Todeswunsch getrieben, sondern um sich nach Stunden von der Polizei und der Feuerwehr retten zu lassen. Heiko machte das in jenem Sommer und bis in den Herbst hinein so oft, dass schließlich niemand mehr über seine akrobatischen

Leistungen berichtete. Er war für die Medien langweilig geworden. Es erschien höchstens noch das ein oder andere Foto unter der Überschrift: »Der Mann auf dem Kran ist wieder da!«

*

Eine SMS riss mich im Spätherbst des Jahres aus dem Schlaf. Mein Handy blinkte und piepte in der Nacht. Die Nachricht kam von einem Nacht-Paparazzo. Wieder stand ein Mann auf einem Kran. Diesmal auf der Baustelle des Palastes der Republik in Mitte. Der asbestverseuchte Sitz der DDR-Volkskammer wurde damals gerade abgerissen. Dort, wo heute das alte Berliner Stadtschloss neu errichtet wird. Wahrlich ein prominenter Ort, um zu sterben. Mir war klar, dass es sich bei dem Kran-Kletterer nur um Heiko handeln konnte. Hinfahren wollte ich zunächst nicht. Ich rief aber gegen sechs Uhr früh in der Polizeipressestelle an. Einer der Beamten, die ich schon lange Jahre kenne, bestätigte mir nach meinem endlosen Nerven, dass es Heiko war. Aber er sagte noch etwas: Der Mann auf dem Kran habe eine Waffe und halte sie sich an den Kopf. Durch meine vielen Gespräche wusste ich ja, wie verzweifelt Heiko mittlerweile war. Ich legte das Telefon weg und machte mir einen Kaffee. Eigentlich hätte ich gleich meinen Sohn wecken und seine Schulbrote schmieren sollen. Aber mich bedrückte ein naheliegender Gedanke: Was ist, wenn die Waffe scharf ist? Was ist, wenn er sich diesmal doch erschießt – oder wenn er springt? Was ist, wenn er einen Polizisten, der ihn retten will, in seiner Panik tötet? Hätte ich dann mit meinem Nichtstun umgehen, damit weiterleben können? Ganz klar: NEIN.

Also überlegte ich es mir anders und zog ich mich schnell an. Ich bat meinen Fotokollegen Klaus, ein journalistisches Urgestein und seit Jahrzehnten ein toller Kumpel, mich zu diesem Einsatz zu begleiten. Am schon halb abgerissenen Palast der Republik nahm mich der Beamte aus der Polizeipressestelle in Empfang. Ich sagte zu ihm, dass ich mit Heiko reden möchte. Und dass ich es schaffen würde, ihn zur Aufgabe zu bringen.

Ich habe bei einem Polizisten noch nie so große Telleraugen gesehen: »Die ist verrückt, will sich nur wichtig machen«, sagte mir dieser Blick. Sicher hat er sich ausgemalt, was für eine grässliche »Ich bin die Superheldin«-Geschichte daraus in der Zeitung entstehen könnte. Und wie blöd er vor seinen Kollegen danach aussehen würde. Der Spott, der Ärger, womöglich gar ein Rauswurf aus der Pressestelle: Er sah offenbar alles gleichzeitig auf sich zukommen. Am Ende gibt es wohl kein Vertrauen zwischen Journalist und Polizist. Und das, obwohl mich dieser Beamte schon seit über zehn Jahren kannte. Er ging.

Ich selbst blieb an der polizeilichen Absperrung stehen und wartete. Er kam zurück, fragte mich erneut, woher ich Heiko kannte. Ich erklärte ihm alles erneut und er ging abermals. Es dauerte ein paar Minuten, dann schob er eine Baustellenabsperrung beiseite und zog mich am Arm hindurch. Nur mich. Meinen Kollegen hinzuzuholen war ihm anscheinend doch zu heikel. »Warte hier!«, bat mich der Polizist.

Nur ein paar Minuten später kam der Einsatzleiter der Verhandlungsgruppe des Sondereinsatzkommandos (SEK) zu mir. Diese Polizisten machen einen großartigen Job.

»Erzähl mal, was ist das für einer?« Er kannte Heiko trotz dessen medienwirksamer Eskapaden nicht. Die hatten sich bisher in einem Rahmen abgespielt, der zu klein für seine Truppe war. Diesmal aber trug Heiko eine Schusswaffe bei sich. Das änderte alles.

Ich erzählte ihm, was ich von Heiko aus unseren diversen Gesprächen erfahren hatte: Exfreundin, Kind, ständiger Beziehungsstress, kleinkriminelle Karriere, Lebensängste. Ich betonte ausdrücklich, dass ich nicht glauben würde, dass Heiko seine Waffe gegen andere einsetzen könnte. Auch wenn er noch so wild damit herumfuchtelte. Sprechen durfte ich mit Heiko trotzdem nicht. Der Verhandler bat mich, mich um ein junges Mädchen zu kümmern, das an einem Bauwagen kauerte. Es war eine Freundin von Heiko. Sie hatte die Polizei alarmiert und war mittlerweile fix und fertig. Ich sollte versuchen, von ihr den aktuellen Grund zu erfahren, warum Heiko wieder so ausgetickt war. Aber erst einmal musste ich sie beruhigen, ihre Tränen trocknen. Sie war im Gegensatz zu mir davon überzeugt, dass Heiko sich oder andere umbringen würde.

Es dauerte fast zwei Stunden, bis ich wusste, was ich eigentlich schon die ganze Zeit über ahnte: Es gab gar keinen aktuellen Auslöser. Es war, wie immer, sein ganzes Leben, das in seinen Augen in eine ganz falsche Richtung verlief. Heiko tobte derweil auf dem Kranausleger und telefonierte per Handy mit einem Verhandler. Die gesamte Nacht und der Morgen waren inzwischen vergangen. Die Nerven der SEK-Leute waren zum Zerreißen gespannt. Ich bemerkte, dass die Beamten am Fuße des Krans herumhuschten und sich auf etwas vorbereiteten.

Auch Heiko entging das nicht. Er schrie: »Ich schieße!« Sein Akku war leer.

Mir wurde bang.

Dann erklommen die Polizisten das Gestänge. Meter um Meter. Heiko rannte auf dem Kranausleger herum, fast wie ein Akrobat. In mir wuchs die Angst, dass er das Gleichgewicht verlieren könnte. Dann würde er zerschmettert auf dem Schutt der Baustelle enden. Auch für die Polizisten war das Risiko enorm. Selbst wenn die Waffe nicht scharf wäre, könnten sie bei einem Gerangel mit dem Lebensmüden abstürzen.

Es war schon Mittag, als Heiko wie ein Häufchen Elend auf dem Kran zusammensackte. Er weinte und machte sich schließlich zusammen mit den Polizisten an den Abstieg. Kaum unten, rissen ihn die Beamten zu Boden. Sie nahmen ihm die Waffe ab. Es war nur eine Schreckschusspistole.

Heiko sah mich sofort und wollte zu mir, was die Polizisten natürlich verhinderten. Ich war auch froh darüber, fühlte mich viel zu nah dran. Dann stand plötzlich der Notarzt mit einem Beamten vor mir: »Würden Sie den jungen Mann in die Psychiatrie begleiten? Das würde ihn beruhigen.«

Ich wollte zuerst nicht, tat es dann aber doch. Stundenlang ließen uns die Ärzte nach diesem schrecklichen Tag und der Blaulichtfahrt unbeachtet auf dem Gang sitzen. Ich hockte dort, mit dem weinenden Heiko im Arm. Es war mir unerklärlich, warum uns niemand half. Da der Polizist, der Heiko bewachte, keine Anstalten machte, die Sache zu beschleunigen, nahm ich das selbst in die Hand.

Ich schnappte mir eine der Ärztinnen, die gerade wieder an uns vorbeihuschen wollte, und stellte mich ihr in den Weg. Sie dachte, ich sei Heikos Mutter und der Polizist mein Mann. Des Rätsels Lösung: Die Schwester der Psychiatrie hatte bei der Aufnahme niemanden darüber informiert, warum wir in der Klinik waren. Also fühlte sich niemand für diesen akuten Notfall zuständig. Es war unglaublich, aber wer schon einmal plötzlich ins Krankenhaus musste, kennt womöglich die Fehleranfälligkeit und Behäbigkeit der Abläufe.

Danach habe ich einige Monate lang nichts mehr von Heiko gehört. Ich wähnte ihn in stationärer Behandlung, während er sich in Wahrheit längst wieder draußen herumtrieb. Weiterhin ohne zu wissen, wo er eigentlich hingehörte.

Irgendwann bimmelte morgens mein Redaktionstelefon: »Ich bin's.«

Mir wurde schlecht, denn ich wusste, auch diesmal würde mich ein Drama erwarten.

»Ich kann nicht mehr«, sagte Heiko. Er berichtete mir von mehreren Einbrüchen in den vergangenen Wochen, von denen ich schon gehört hatte und ahnte, dass sie auf sein Konto gingen. Jeder Gauner hat Vorlieben und ein Muster. Heikos habe ich gleich erkannt.

»Komm, ich helfe dir. Du musst mir vertrauen, komm runter zum Verlag. Wir reden.«

Heiko unterbrach die Verbindung abrupt. Ich ging zu einem meiner damaligen Chefs. Er verdrehte nur die Augen und murmelte etwas von »Spinner«. Ob er Heiko oder vielleicht doch mich damit meinte? Ich fürchte, er meinte mich. Das war mir zu blöd, ich holte mir einen Kaffee, zündete mir eine Zigarette an und wartete.

Es klingelte erneut. Heiko schluchzte in den Hörer. Er sprach von einer Waffe und davon, dass er auf dem Dachboden einer Schule sei. Ich sah auf die Uhr an der Wand, gleich wäre große Pause. Die Leitung war wieder tot. Weil Heiko mit unterdrückter Nummer angerufen hatte, konnte ich nichts unternehmen. Die Polizei anrufen? Ja, das hätte ich tun müssen. Aber mir war auch klar, dass mich erst einmal wieder keiner für voll nehmen würde. Genau wie mein an jenem Tag diensthabender Chef, den ich erneut um Rat bat. Es war ihm egal. Ich war verzweifelt.

Gott sei Dank klingelte es wieder.

»Heiko«, ich schrie vor Aufregung fast in den Telefonhörer. Die Tür zwischen der Lokalredaktion und meinem Büro klappte geräuschvoll zu. Man war tatsächlich von mir genervt.

»Heiko, sag mir sofort, wo du bist. Ich hole dich.«

Klack. Ich schnappte mir das Telefon meines Kollegen, der nicht im Dienst war, und wählte auf dessen Apparat doch lieber die Nummer der Polizeipressestelle. Meine eigene Leitung hielt ich für Heiko frei. Ich hatte einen ganz schönen Bammel. Sollten sie mich doch ruhig auslachen! Den Mitarbeitern schilderte ich die Situation und stieß – es ist nicht zu glauben, aber ich hatte es ja erwartet – auf großes Desinteresse. Ich bekam den Rat: »Da musst du im zuständigen Polizeiabschnitt anrufen. Wir können das nicht einschätzen.«

Aber was gibt es dabei eigentlich falsch einzuschätzen, wenn ein bewaffneter Mann, der sich in einer Ausnahmesituation befindet, auf dem Dachboden einer Schule herumläuft?

Ich rief den Polizeiabschnitt an, den zuständigen Kollegen vom VB (der Verbrechensbekämpfung). Er war der erste Mensch an diesem Tag, der mir zuhörte. Er ging mit den Personendaten Heikos, die er von mir bekam, in den Computer und wurde natürlich fündig. Die Frage, was nun zu tun sei, stand im Raum.

»Können Sie herausfinden, um welche Schule es sich handelt?«, war dabei seine vorrangige Frage.

Ich wusste es nicht. Uns blieb nichts, als das Gespräch bis zu einem erneuten Anruf Heikos zu unterbrechen. Er ließ auf sich warten. Über eine Stunde lang. Ich traute mich nicht einmal, zwischendurch zur Toilette zu gehen. Dann endlich hatte ich ihn am Hörer. Es war erneut sein Handyakku gewesen. »Das Ding ist alle. Ich mache hier Schluss!«, drohte Heiko.

Ich begann einfach zu plappern. Ich hatte solch eine Angst um die Kinder, redete vom Leben, von Auswegen, von Gott – und schließlich von seinem Kind. Ob er wolle, dass es mit diesem Makel aufwachsen müsse. Mit dem Makel, dass sein Vater ein Mörder ist.

Ich machte einen Vorschlag: »Wenn ich nicht kommen darf, dann komm du zu mir. Wir trinken Kaffee und finden eine Lösung.« Ich merkte aber, dass ich schon wieder ins Leere sprach, weil ich keine Antwort mehr bekam.

Eine Stunde später meldete er sich erneut. Er drohte: »Ich bin am Alex, im Kaufhof. Ich habe ein großes Messer!«

Ich flehte ihn an, nichts Dummes anzustellen, und wählte gleichzeitig die Nummer der Polizei. Ich ließ den Beamten alles mithören, auch Heikos Versprechen, zu mir in den Verlag zu kommen.

Der Polizist sagte: »Sie sind verrückt, das können wir nicht machen. Ich habe schon zwei Kollegen in Zivil losgeschickt.«

Mir war klar, dass mein Vorhaben dem Beamten nicht geheuer war. Mir war es das schließlich auch nicht. Aber ich hatte Angst um Heiko. Angst davor, dass er sein Messer zücken könnte und die Polizisten zur Pistole greifen würden. So etwas ist alles schon passiert.

Im Foyer erwartete ich die Zivilpolizisten. Ich erzählte ihnen von meinem Plan, sie willigten ein, wenn auch widerwillig. Aber es gab keine andere sinnvolle Möglichkeit, als mich mit ins Boot zu holen. Ein Beamter postierte sich nahe der Treppe zum Steakhaus am Berliner Verlag. Der andere tat, als würde er die in unserem

Verlagsschaufenster ausgehängten Zeitungsseiten lesen. Das haben die Polizisten wirklich perfekt gemacht.

Heiko kam jedoch nicht aus der von mir vermuteten Richtung. Er musste am ersten Polizisten überhaupt nicht vorbei, weil er plötzlich seitwärts von links über die Karl-Liebknecht-Straße kam. Eigentlich sollte ich zum Zeichen, dass er es ist, die Arme ausbreiten. So hatte ich es mit den Beamten verabredet. Aber ich wusste nicht, ob uns Heiko vielleicht schon zuvor im Blick gehabt hatte. Er ging schnell, ich lief ihm aus einem spontanen Entschluss heraus entgegen. Ohne dass die Polizisten reagieren konnten, schloss ich Heiko in meine Arme und ließ nicht los, bis sie zugreifen konnten. Erst als er in Handschellen am Boden lag und dann bei den Beamten auf der Rückbank saß, löste sich in mir langsam die Anspannung. Mir liefen Tränen über das Gesicht.

Die Zivis durchsuchten Heikos Rucksack, holten ein großes Fleischmesser und eine Schreckschusspistole heraus. Ich erschrak heftig, kniete mich dann aber an die noch offene Seitentür des Einsatzwagens. Ich sagte: »Sollen wir reinen Tisch machen? Soll ich das für dich tun?«

Heiko verstand gleich und nickte. Ich erzählte den Beamten von der aktuellen Einbruchsserie, die auf sein Konto ging.

Jahre später, ich hatte schon längst ein anderes Büro, stand ein Kollege vor meiner Tür.

»Da ist jemand für dich.«

Ein allzu bekanntes Gesicht tauchte hinter ihm auf. Es war Heiko. Einen Moment dachte ich, mein Herz bleibt stehen. Heiko war gerade aus dem Gefängnis entlassen worden und wollte sich nur bei mir bedanken. Er hat sein Leben in den Griff bekommen, meldet sich auch heute noch dann und wann. Ich freue mich über jeden positiven Anruf und hoffe: Heiko hat es geschafft!

31
Und einer kommt immer wieder

Es ist mysteriös. Denn mancher Täter scheint für immer ein Phantom zu bleiben. Wie das »Sex-Monster von Berlin-Lichtenberg«, auch »Schulweg-Monster« genannt. Dieser Mann hält die Polizei mindestens seit 2006 zum Narren. Er überfällt kleine Mädchen auf dem Heimweg von der Schule, missbraucht sie und taucht wieder ab. Er hat keinen festen Rhythmus, keinen besonderen Typ Kind. Aber er schlägt vorzugsweise in einem Stadtbezirk zu – in Lichtenberg.

Zum ersten Mal Schlagzeilen machte der Triebtäter im Frühjahr 2008. Das kleine Mädchen, das er missbrauchte, nennen wir es Annika, war gerade in der ersten Klasse und damit erst sechs Jahre alt. Ihr Heimweg führte sie am Lichtenberger Stadtpark vorbei. Es war ein Montag. Sie ging die Pettenkoferstraße entlang und bog nach rechts in die Scheffelstraße ein. Dort lief sie gegen 14.30 Uhr dem Triebtäter in die Arme. Er sprach Annika an und fragte, ob sie mit in den Park kommen wolle. Was auch immer er dem Mädchen versprochen hat, es wirkte. Annika ging freiwillig mit dem Fremden mit. Hinter dem Park-Teich zerrte er das hilflose Kind hinter eine Buche in ein Gebüsch. Dort missbrauchte er Annika und ließ sie alleine zurück. Eine Spaziergängerin fand das verstörte Kind.

Erste Ermittlungen deuteten darauf hin, dass es sich bei diesem Mann um die gefährliche »Bestie von Halle« handeln könnte. Ein gewissenloser Serientäter, dem mindestens acht Mädchen zum Opfer fielen. Wie der Täter von Lichtenberg lauerte er seinen jungen Opfern immer nach Schulschluss auf und verschwand wieder. Für Monate oder sogar Jahre. Schon seit 1992 suchte die Polizei die »Bestie von Halle«. Obwohl genetische Spuren wie Speichel, Sperma und sogar Hautfetzen an den Körpern seiner Opfer gesichert werden konnten, vermochte es die dortige Polizei-Sonderkommission nie, den den Sexualtäter zu finden. Es gibt keine Zeichnung. Weil die in Sachsen-Anhalt betroffenen Mädchen zu geschockt waren, um das Gesicht ihres Schänders zu beschreiben. Die »Bestie von Halle« ist ein Phantom. Nach der Vergewaltigung von Annika in Berlin war die Ermittlungsgruppe in Sachsen-Anhalt überzeugt, dass dieser Täter aus der Hauptstadt auch ihr Mann ist.

Die Berliner Polizei sah dagegen keine Zusammenhänge. Die Beschreibungen der zwei Pädophilen ähnelten sich auffällig. Dazu gehörte, dass beide etwa 30 bis 50 Jahre alt sein und kurze dunkle Haare haben sollten. Erstes Opfer des Hallensers wurde 1992 ein Schulmädchen aus Jena. Sie war 17 Jahre alt, sah jedoch deutlich jünger aus. Etwas später schnappte sich die »Bestie« eine 14-Jährige in Halle. Dann wurde es viele Jahre ruhig um den Mann. Die Polizei vermutete ihn wegen anderer Straftaten im Gefängnis. Bis er 2001 plötzlich erneut zuschlug. Als der Täter ein Mädchen (9) auf dem Jüdischen Friedhof von Halle vergewaltigte, erkannte die Polizei die Serie, die sie in Sachsen-Anhalt ganz offenbar hatten. Denn in allen Fällen stimmten die Beschreibungen und DNA-Spuren überein.

Ein Massen-Gentest mit 5.200 Männern zunächst in Sachsen-Anhalt und später ein weiterer in Berlin blieben erfolglos. Ein Täter wurde dabei nicht entdeckt. Genauer gesagt waren es zwei Täter, die man hätte finden müssen: Ein DNA-Abgleich der vorhandenen Spuren ergab, dass der Vergewaltiger aus Berlin nicht die Hallenser »Bestie« ist. Und noch eine weitere Erkenntnis ermöglichte die DNA-Datenbank: Es kam heraus, dass der Berliner Sexualverbrecher auch kein Ersttäter war, sondern bereits 2006 zugeschlagen hatte. Damals traf es zwei Mädchen. An den Opfern konnte die DNA des Mannes gesichert werden. Annika war demnach schon mindestens sein drittes Opfer.

Die Polizei in Berlin legte sich immer wieder heftig ins Zeug. Es gab Plakataktionen und es wurden sogar heimlich Männer im Lichtenberger Park fotografiert. Erst etliche Tage nach dem Angriff auf Annika gab ein Richter das Phantombild dieses mutmaßlichen Täters frei. Die Beschreibung war aber recht belanglos. Sie hätte auf jeden dritten Berliner in dem Alter zutreffen können.

Es ist unheimlich, aber die Polizei konnte das »Sex-Monster von Lichtenberg« bis heute nicht finden. Niemand weiß, wann der Mann erneut zuschlagen wird.

32
Missbraucht – auch ich

November 1990. Chemnitz. Ich war zum Gespräch bei einem West-Import der dortigen Stadtverwaltung: einem Sozialpädagogen. Ich sollte für die *Chemnitzer Morgenpost* einen Beitrag über seine persönlichen Vorstellungen und Ziele in der Jugendarbeit der Region schreiben. Die groß angekündigte Pressekonferenz bestand aus ihm und mir. Wir tranken Kaffee, knabberten Plätzchen. Ich fühlte mich wohl in der Gesellschaft dieses netten Herrn, er erinnerte mich an einen lieben Kollegen von der *BILD* in Berlin. Als nach ein paar Stunden für mich die Zeit bis zum Andruck knapp wurde, konnte ich mich nur mit Mühe und Not loseisen. Zum Glück war die Redaktion der *Chemnitzer Morgenpost* nicht weit von seiner Dienststelle entfernt.

Er nahm zur Verabschiedung meine Hand und legte seine Linke noch darüber. Es war fast wie ein inniger Moment der Zweisamkeit. Ich war gar nicht irritiert, es passte. Was er dann sagte, erschütterte mein Leben zutiefst.

»Claudia, ich habe es gemerkt. Sie sind ein Missbrauchsopfer. Wenn Sie jemanden zum Reden oder Weinen brauchen, ich bin für Sie da.«

Für mich war das ein regelrechter Schock. Ich hätte nie gedacht, dass ein völlig fremder Mensch mir dies anmerken könnte. Ich habe ihn aber auch nicht danach gefragt. Sein fürsorgliches Angebot angenommen habe ich ebenso nicht. Ich sah ihn nie wieder. Er war es jedoch, der den Stein tief in mir ins Rollen brachte.

Längst Verdrängtes holte mich ein. Es war nicht mehr aufzuhalten und drängte mit den toten Kindern, über die ich in den Jahren schrieb, immer stärker in mein Leben. Längst Vergessenes wabert seitdem an der Oberfläche meiner Seele und an den Rändern meines Bewusstseins. Es macht mich krank und ich kann mir seither nicht mehr einreden, dass das alles, meine ganze Vergangenheit, nur kindliche Albträume waren.

*

Die goldenen Siebziger. Janis Joplin, Jimmy Hendrix, Joints und freie Liebe. Natürlich war ich dafür viel zu jung. Meine Eltern eigentlich auch. Vom Kopf her auf jeden Fall. Das hinderte meine Mutter jedoch nicht daran, uns als schrillste Familie in Bochum-Linden zu inszenieren. Mama fuhr das Modell des Nitribitt-Mercedes-Sportwagens (Rosemarie Nitribitt war eine unter mysteriösen Umständen zu Tode gekommene Edelhure), und natürlich in Rot. Zum Einkauf gingen wir, sobald es das Wetter erlaubte, grundsätzlich barfuß und in Schlabberkleidern. Sie trank gern und nicht wenig – für den Kreislauf, das hatte ihr der Heilpraktiker angeblich empfohlen. Ansonsten knabberte sie munter an Diätpillen herum, ein Rat einer Freundin. X-112 ist mir im Nachhinein noch ein Schrecken – eigentlich auch ein Aufputschmittel. Zum Wachbleiben gab es dann auch mal gerne eine Captagon (Dopingmittel). Jeder kann sich vorstellen, was für eine Rolle ich da spielte. Ich will damit nicht sagen, dass sie mich nicht geliebt hätte. Das hat sie bis zum Erdrücken getan. Nur war sie eben, so kann man es vielleicht ausdrücken, ungeschickt dabei. Sie dachte nie über ihr Handeln nach. Ansätze von Erziehung kamen bei meiner Mutter nur auf, wenn sie darüber gerade etwas im Fernsehen gesehen oder in der Zeitung gelesen hatte.

Schon nachmittags gab es Partys mit Herrenbesuch, bei einer ihrer Freundinnen. Deren Mann war den gesamten Tag im Büro. Ihre Tochter und ich wurden dann ins Kinderzimmer geschickt, die Wohnzimmertür wurde abgeschlossen. Natürlich haben wir durch das Schlüsselloch geschaut – das war der mütterliche Anteil an unserer Aufklärung. Da waren wir noch nicht einmal Schulkinder.

Als ich meine Mutter fragte, warum denn alle nur Unterwäsche tragen, sagte sie: »Damit wir uns nicht mit der Farbe bekleckern. Aber sag Papa einfach nichts davon. Versprochen?«

Als später immer häufiger samstagnachmittags ein »Onkel« bei uns daheim zu Besuch kam, bekam ich oft fünf Mark Kirmesgeld, um für zwei Stunden zu verschwinden. Beide meinten, so ein Nachmittag mit Kaffeeklatsch wäre ja nur langweilig für mich.

Wer jetzt denkt, mein Vater sei Opfer eines Lotterweibes, liegt fehl. Auch der Mann hatte so seine Besonderheiten. Mit einer Frau soll er sogar eine Tochter gezeugt haben, das behauptete auf jeden Fall meine Mutter immer. Als ich älter wurde, erlebte ich auch tatsächlich Situationen, in denen mir fremde Menschen begegneten und behaupteten, mich zu kennen. Der Höhepunkt war ein angeblicher Freund, der eines Abends auf der Bochumer Party-Meile vor mir stand, den ich aber überhaupt nicht kannte.

Neben der extremen Neigung zu sehr jungen Frauen würde ich meinen Erzeuger rückblickend als pornosüchtig bezeichnen. Meine Eltern stritten darum und ums Geld regelmäßig, lautstark und unerbittlich. Die Heftchen zu Vaters Hobby fand ich zum ersten Mal, als er mich mit vier oder fünf Jahren im Auto warten ließ. Sie lagen einfach so im Handschuhfach, später überall in unserer Wohnung. Und immer, wenn meine Eltern mich alleine ließen, machte ich mich auf die Suche danach. Ich habe den Eindruck, dass es ihm total egal war, ob ich sie sah. Hätten meine Eltern mich nicht davor schützen müssen? Ich denke, ja. Und auch davor, mehrfach Zeuge ihrer sportlichen Betätigungen im Wohnzimmer zu werden? Die Situationen, denen sie mich aussetzten, wurden immer eigenartiger. Allen Ernstes wurde bei uns öffentlich der Grad der Hängebrüste meiner Mutter mit dem Bleistift gemessen – da war auch mein Urteil wichtig. Da unsere Familie ja so offen und frei war, hatte meine Mutter fast alle Türen aus der Wohnung verbannt. Ich konnte nicht einmal die Klotür hinter mir schließen.

Gespielt – »Mensch ärgere Dich nicht« oder einfach nur Verstecken – haben meine Eltern nie mit mir. Nur später, als ich alt genug war, zockte mein Vater mit mir ums Taschengeld. Ich verlor, erwartungsgemäß. Paps war ein professioneller Zocker, der gerne mal 20.000 Mark auf der Rennbahn oder im Spielkasino ließ.

Ansonsten gab es bei uns gerne und ordentlich was hinten drauf – natürlich für mich. Jeden Sonntagmorgen, wenn ich mit meinen Eltern im Ehebett kuscheln wollte, packte mich mein Vater, schleppte mich ins Kinderzimmer zurück und ließ seine Hand auf meinem nackten Po tanzen. Das war über einen ewigen Zeitraum so etwas wie ein Ritual, das erst ein Ende fand, als ich einen kleinen Hund zum siebten Geburtstag bekam. Als meine Mutter einen Holzschlappen auf mir zerschlug, biss er zu. Später sagte sie immer, da wäre ihr erst bewusst geworden, was sie mir damit angetan hatte.

Die Sexualität, die ich unter anderem dadurch entwickelte, war schon ziemlich gestört.

Aber ich wäre auch nie auf die Idee gekommen, den 17-Jährigen aus der Nachbarschaft zu verpetzen, nur weil er mir, damals neun Jahre alt, auf einer Hausbaustelle Zungenküsse zeigte – er hat mich wenigstens beachtet! Das war es doch, was im Grunde für mich zählte. Nicht mit Kirmesgeld weggeschickt, sondern bemerkt zu werden.

Ein anderer älterer Nachbarsjunge nahm mich gerne auf den Schoß. Als er anfing, mir dabei regelmäßig ins Höschen zu fassen, machte ich einen großen Bogen um ihn – mehr nicht. Ich sagte nichts, weil ich Angst hatte, niemand würde mir das glauben.

Einer der »Onkel«, so nannte ich damals eigentlich alle Freunde meiner Eltern, nutzte jede Gelegenheit, das Wachstum meiner Brüste zu kontrollieren. An meinem Geburtstag öffnete er einmal meinen Bademantel, als ich gerade aus der abendlichen Badewanne kam. Er stellte mir immer komische Fragen, ob ich schon meine Tage hätte oder vielleicht einen Freund – und was ich mit dem so machen würde. Als er sich dann später auch noch bei jedem Besuch dem Wuchs meines Schamhaars zuwenden wollte, habe ich es meiner Mutter gesagt. Außer ihr glaubte mir niemand: »Du musst das ganz für dich behalten, weil der ›Onkel‹ doch schon einmal (wegen eines tödlichen Verkehrsunfalls) drei Jahre im Gefängnis saß. Aber geh bitte nicht mehr zu ihm hin. Nur, wenn seine Frau auch da ist.«

Darüber geredet wurde nie wieder. Das Chaos meiner Gefühle musste ich mit mir selbst ausmachen. Während meine Freundinnen noch mit Barbies spielten, quälten mich Vergewaltigungsträume. Ich war ja aufgrund der Heftchen meines Vaters gut mit so etwas vertraut. Den Barbies habe ich übrigens gerne die Gliedmaßen abgetrennt oder ihnen mit rotem Nagellack meiner Mutter Blut auf den Körper gemalt.

Immer noch ein Kind, schlitterte ich endgültig in die Katastrophe. Ich war 13 und er 24 Jahre alt. Borkum, Mitte der Siebzigerjahre. Meine gesamte Kindheit über fuhr ich mit meiner geliebten Oma dorthin, meine Eltern verreisten nie. Abends nach dem Essen durfte ich in diesen Sommer erstmals von 20 bis 22 Uhr alleine in die Kneipe. Gleichaltrige fand ich da natürlich nicht. Aber ihn. Einen Typen, der meinem damaligen Lieblingsschauspieler Beau Bridges bis auf das Haar glich.

Drei Tage lang saßen wir uns am Tresen gegenüber. Er war zuerst immer in der Begleitung einer Frau in seinem Alter, schaute mich jedoch ständig an. Er flirtete mit mir (1,50 Meter, 45 Kilo und flachbrüstig). Ja, man sah mir das Kind noch an. Der Barkeeper, der mir nach meinem unendlichen Quengeln am dritten Abend doch einen Lumumba spendierte, warnte mich. »Lass das, du bist viel zu jung.«

Ihm war klar, was passieren konnte. Ich habe natürlich nicht so weit gedacht. Nur, dass sich endlich ein Erwachsener für mich interessierte. Und dann auch noch so ein cooler Kerl. Den zweiten Lumumba bekam ich von ihm, dem Beau, spendiert, serviert vom Barkeeper mit der Bemerkung: »Das ist aber der letzte, dann gehst du heim.«

Der Mann, der jetzt an meiner Seite saß, prostete mir aufmunternd zu. Ja, beschwipst war ich schon. Er fragte mich nach meinem Job – scheinheilig im Nachhinein. Ich war stolz wie Bolle. Und sagte, dass ich noch zur Schule ginge.

»Bist du allein in Urlaub?«, wollte er wissen.

Bei meiner Antwort hätte unter vernünftigen Umständen unser Flirt beendet sein müssen: »Nein, ich bin noch zu jung, um alleine zu reisen. Bei meiner Oma darf ich im Urlaub aber ausnahmsweise bis 22 Uhr ausgehen.«

Statt sich spätestens jetzt unter einem Vorwand zu verdrücken, bestellte er einen Sekt, von dem er mich zu gerne nippen ließ. Und noch einen. Und noch einen. Dann zahlte er meine und seine Rechnung und nahm mich an die Hand. Den Protest des Barkeepers habe ich nur mit einem Ohr gehört, denn meine Begleitung sagte: »Mach dir nichts draus. Der ist ja doch nur eifersüchtig, lass uns beide nur ein wenig spazieren. Dann lernen wir uns besser kennen. Bist doch ein großes Mädchen.«

Die Strandpromenade war nicht allzu weit von der Vergnügungsmeile entfernt. Mein Beau schlug vor, einen offenen Strandkorb zu suchen, um gemeinsam den Sonnenuntergang zu sehen. Ich dachte an Romantik und wildes Knutschen. Er dachte an mehr – und lullte mich mit Komplimenten über mein angeblich so weibliches Aussehen ein. Keine Ahnung, ob er sich dabei auch selbst etwas vormachen wollte. Seine Schmeicheleien streichelten auf jeden Fall mein Ego. Ich fühlte mich wie etwas Besonderes. Ein nicht abgeschlossener Strandkorb war schnell gefunden, blau-weiß gestreift. Und dann waren auch schon seine Lippen auf den meinen. Seine Zunge schob sich in meinen Mund hinein, nicht zart und romantisch, sondern wie ein Tier. Halbbewusst war mir in dem Moment klar, in welcher Gefahr ich mich befand. Ich konnte nicht Nein sagen, war wie das Kaninchen vor der Schlange. Jedes Wort, das er sagte, hat sich in meinem Kopf eingebrannt. Und jedes Gefühl. Lust war nicht dabei, das kann ich versichern. Blöd kam ich mir vor. Ich suchte einen Ausweg und fand stattdessen sein Geschlechtsteil in meinem Mund wieder. »Schau mal, wie groß.«

Ich dachte, ich müsste ersticken, kämpfte mit dem Würgereiz. Aber seine Hand in meinem Nacken drückte meinen Kopf unbarmherzig nach unten. Ich durfte es nicht ausspucken. Mein tränenüberströmtes Gesicht bedeckte er mit Küssen und entschuldigte sich bei mir: »Ich wusste ja nicht, dass es dein erstes Mal ist.«

Er nahm mich an die Hand, ich dachte, für mich geht es jetzt heim zur Oma. Mitnichten. Er wolle mich noch seinen Eltern vorstellen, behauptete er, und hielt meine Hand ganz fest. Er zerrte mich in den Hauseingang neben der Kneipe.

»Kein Wort«, befahl er mir nervös.

Alles Schmeichelhafte war von ihm abgefallen. Drinnen saß tatsächlich seine Familie. Durch die Milchglastür konnte ich gleich mehrere Personen am Esstisch ausmachen. Ich wollte schreien. Ich hätte mich so leicht retten können. Warum ich das nicht tat, kann ich nicht erklären. Das ist mir noch heute ein Rätsel.

»Ich hab eine Freundin dabei«, rief er ihnen zu.

Dann stand ich in seinem Zimmer. Die Rollos waren unten, das Bett aus hellbraunem Holzimitat stand links, rechts ein Waschbecken. Nackt war ich nach kaum einer halben Minute, so schnell zerrte er meine Sachen runter.

»Auf den Boden!«

Sie waren braun, diese Teppichfliesen, die sich so kratzig und hart anfühlten. Ich war wie ferngesteuert. Ich tat, was er wollte. Ich blieb stumm, ertrug den Schmerz und die Demütigung. Er machte es mehrfach, bis er das Blut auf seinem Teppich bemerkte.

»Du hast ja deine Tage, das geht nie wieder raus.«

Die hatte ich an diesem Tag nicht. Er warf mir mein Bündel Sachen zu und schauzte: »Hau ab!«

Mein blaues Levi's-Shirt blieb bei ihm liegen. Eine Woche später, mein Urlaub war beendet, sah ich ihn auf der Fähre nach Emden. Er trug mein Hemd wie eine Trophäe. Er sagte, es wäre seins. Ich solle ihn vergessen. Und was passiert sei, wäre auch ganz schnell Vergangenheit. Seinen Namen kenne ich nicht und nach meinem hat er mich nie gefragt.

*

Eine Vergewaltigung, das habe ich schon erkannt. Ich gab mir selbst die Schuld daran, redete mir ein, dass ich es in der Hand gehabt hätte, es nicht zu tun. Auch noch, als ich einen Monat später merkte, dass ich schwanger war. Unter der Hand bekam ich von der Frauenärztin meiner Mutter Ovibion. Eigentlich ein Hilfsmittel bei hormonell ausbleibender Menstruation. Der Hinweis war: »Trinke es auf nüchternen Magen – in einem Zug die Flasche leer.« Es führt zum Abbruch der Schwangerschaft. Eine gängige Praxis in den Siebzigerjahren, es funktionierte aber nur in den ersten Wochen.

Warum ich derart Intimes über mich aufschreibe? Ich habe es bisher nie rausschreien können – das hätte mir aber gutgetan. Denn schon der kleinste Auslöser genügte in der Vergangenheit, dass ich es innerlich immer wieder erneut erlebte. Schon ein Gesicht, eine Situation oder auch ein Geruch konnten diese schlimmen Gefühle in mir hochkochen lassen.

Mein Körper wurde mir daraufhin egal. Ich wurde mir egal und ritzte mir mit einer Rasierklinge meine Unterarme auf. Ich zog mich immer mehr zurück. Sterben wollte ich wohl nicht, aber beachtet werden schon. Mangels elterlichen Interesses suchte ich mir männliches Interesse und ging in den folgenden Monaten immer wieder mit dem Skat-Freund meines Vaters mit. Er erklärte mir, dass meine Schmerzen erst verschwinden würden, wenn ich Routine darin hätte. Unter Zuhältern und in den niederen Gefilden der Porno-Branche nennt man so etwas Einreiten.

»Dann macht es dir auch Spaß«, versprach er.

Das war mir zu diesem Zeitpunkt egal. Was ich eigentlich wollte? Ich wollte Aufmerksamkeit und meinen Vater für sein beharrliches

Desinteresse an mir bestrafen. Ich wollte, dass er es mitkriegt. Weil ich dachte, dann wird alles wieder gut. Geträumt hatte ich, er würde mich dann beschützen. Passiert ist das Gegenteil. Als er dahinterkam, wurde ich mit einer Woche Stubenarrest bestraft. Mit dem Skat-Freund, einem vermögenden noch dazu, zockte er weiter, als wäre nie etwas vorgefallen.

33
Polizeireporterin – Traum und Wirklichkeit

Witwenschütteln. Wenn man dem Internetlexikon »Wikipedia« Glauben schenkt, ist es das, was den Boulevardjournalisten so unerträglich macht. Es ist eine rücksichtslose Art der Recherche nach den kleinsten Intimitäten von Tätern, aber auch von Opfern und ihren Angehörigen, um sie am Ende öffentlich breitzutreten.

Wer gibt schon zu, dass wir bis zu den Haarspitzen im Dreck wühlen. Zwar lügen wir nicht direkt, lassen unsere Mitmenschen allerdings gerne über unsere tatsächlichen Motive im Unklaren. Wenn nötig, wird einfach etwas verschwiegen. Wir kommen manches Mal statt von der Zeitung X von »der Polizeiredaktion«, wobei der zweite Teil des Wortes eher genuschelt wird. Und mit dem »Polizei« vorneweg hat man gleich den Fuß in der Tür.

An Tatorten tauchen wir zumeist in Horden auf. Mit Foto- und Fernsehkameras bestückt, mit Block, Bleistift und iPhone bewaffnet. Mitunter geht es dann chaotisch zu. Der ein oder andere latscht schon mal durch einen Tatort. Erst kürzlich bekam ich einen Beschwerdeanruf der Polizei, weil ein unsensibler oder schlicht dummdreister Fotograf in Blutspuren getreten sei. Manchmal sind Briefkästen von Opfern leer, nachdem einige von uns da waren. Wenn wir etwas vor der Polizei finden oder herausbekommen, behalten wir es für uns. Wenigstens eine Weile. Irgendwie setzt dann das Denken aus. Bei mir zuletzt im Sommer 2013.

Ein Freitag, sonnig, ich war bester Laune. Ein Kollege von der *Berliner Zeitung* aus der 14. Etage ruft an: »Das am Alex haste mitgekriegt?«

Hatte ich natürlich nicht. Ein Mann stand nackt im Neptunbrunnen vor dem Roten Rathaus und verletzte sich immer wieder selbst mit einem Messer. Dann, als die Polizei kam, stürmte er auf einen Beamten los, der ihn eigentlich entwaffnen wollte. Der Polizist schoss – Mann tot. Da rannte ich gerade erst zum Fahrstuhl bei uns in der 15. Etage. In einem tief dekolletierten, knatschengen Dirndl, einen Fuß wegen eines nahezu kompletten Bänderrisses geschient, stolperte ich aus dem Verlagsgebäude in der Karl-Liebknecht-Straße. Quer über die große Kreuzung. Thomas, der Fotograf, den ich vorgeschickt hatte, kam mir entgegen – seine Kamera lag noch im Büro. Bis ich am Neptunbrunnen eintraf, war schon alles gelaufen. Bis der Fotograf ankam, erst recht. Mann weg, Rettungswagen weg – ich machte noch ein Handyfoto von den immer kleiner werdenden Rücklichtern.

Das ist peinlich! Eine Pleite vor der eigenen Haustür sozusagen. Ich versuchte, das Beste daraus zu machen. Ich fragte alle umstehenden Leute, ob sie etwas mitbekommen hätten. Mein dann endlich auch eingetroffener Fotokollege fotografierte. In so einer Stresssituation setzt der Körper große Mengen Adrenalin frei. Das führte zu der Lächerlichkeit, dass ich – wohlgemerkt im Dirndl – im Dreck liegend den Brunnen mit meinem Handy knipste. Völlig absurd, aber einige Fotografen anderer Zeitungen taten es mir gleich – um bloß nichts zu verpassen. Auf dem Rückweg in die Redaktion kamen Thomas und ich an einer Parkbank vorbei, auf der eine Jacke lag.

»Die war schon gerade da«, sagte Thomas.

Wir schauten uns an, nickten und gingen hin. Sollte uns sein geübtes, aufmerksames Adlerauge doch noch zu einem Rechercheerfolg verhelfen? Ja, das tat es.

Ich nahm direkt neben der Jacke Platz, krabbelte mit meiner linken Hand in der Innentasche. Da war der Ausweis des Toten! Das nenne ich einen Treffer. Thomas fotografierte das Dokument ab. Anschließend holte er die Polizisten. Derweil verteidigte ich die Jacke des Toten gegen ein Kamerateam, das auf mich aufmerksam geworden war, bis die Polizei eintraf. Mordermittler und Kriminaltechniker bekamen wegen des Jackenfunds einen Riesenärger mit ihrer Behördenleitung. Sie hatten etwas übersehen, und dann funkten auch noch Reporter dazwischen. Ich selbst hatte nichts Verbotenes getan – nur ein Rückfall in frühere Zeiten. Damals waren wir gnadenlose Jäger. Aber wir bessern uns. Niemand will den Boulevard von einst wirklich zurück.

*

Inzwischen sind die Grenzen vom »bösen« zum »guten« Journalisten fließend. Das Unglück der Menschen, egal ob Straftat oder Naturkatastrophe, ist ein Massengeschäft. Daran ist nicht zu rütteln. Die Zeitungen mit den exklusivsten Storys, den härtesten Geschichten und den sensationellsten Bildern haben die höchsten Auflagen. Doch nur die äußere, krawallige Aufmachung unterscheidet den Boulevard von der vermeintlich seriösen Tagespresse. Keinesfalls sind es der Inhalt, die Themen, die Agenda. Das ist ein Fakt, der meist an den Lesern und Fernsehzuschauern vorbeigeht. Wer macht schon einen groß angelegten Zeitungs- und TV-Vergleich? Wer kann schon all die typischen, leeren Phrasen auf Anhieb erkennen, mit denen auch die traditionellen Acht-Uhr-Nachrichten ihre Berichte aufbauschen? Ich kann Ihnen aber aus Erfahrung sagen: Dass der Boulevard sein ramponiertes Schmuddelimage ablegen und die seriöse Presse mit Boulevardmethoden ihr Überleben sichern will, führt fast täglich zu staunenswerten Ergebnissen. Der Markt ist umkämpft, im Zweifelsfall gibt es in der digitalen Welt des Internets alles umsonst.

Vor wenigen Jahren kam es dazu, dass eine »seriöse« Berliner Tageszeitung widerwärtige Einzelheiten zum Missbrauch und der späteren Tötung eines Kindes enthüllte. Ganz frei nach dem Motto: »Herr Lehrer, ich weiß was.« Man rühmte sich dessen sogar, obwohl man gar nicht mehr gewusst hatte als die anderen Medien. Das kam im Detail an den Tag, als die Polizei wegen dieser Unverantwortlichkeit zu einem vertraulichen Mediengespräch einlud.

Wir anderen hatten uns mit Rücksicht auf die Eltern des Kindes gemeinsam dazu entschlossen, nicht darüber zu schreiben – also auf die Veröffentlichung grausiger Details zu verzichten. Das wollte die seriöse Redakteurin überhaupt nicht einsehen.

In der Gesamtheit betrachtet, könnte der Respekt vor dem Leid der Opfer durchaus größer sein – bei den Journalisten, aber auch den Konsumenten von Medienerzeugnissen. Wir als Dienstleister für Nachrichten befriedigen die Erwartungen unserer Leser. Ich selbst habe es erlebt, wie damals mit der Ost-West-Grenze auch eine moralische Grenze fiel. Denn danach explodierte der Konkurrenzdruck in jeder Branche: Versicherungsvertreter fielen wie Aasgeier über den Osten her – und wir. In jeder Großstadt wurden zu den seriösen Blättern auch noch Boulevardzeitungen aus dem Boden gestampft. Und alle kämpften gegeneinander um die Neu-Leser.

Nicht nur die verschiedenen Medien konkurrierten miteinander, auch der tägliche Wettstreit unter den eigenen Kollegen konnte die Arbeit zu einer erdrückenden Last machen. Mit einer Dame habe ich (oder sie mit mir) einen regelrechten Zicken- und Nervenkrieg vom Zaun gebrochen. An eine Zusammenarbeit war da überhaupt nicht mehr zu denken. Jeder hat bei der anderen nach Fehlern gesucht. Sie meinte, sich ständig gegen mich behaupten zu müssen. Und ich? Na ja, ich will ehrlich sein: Ich schob eine totale Panik, dass sie mir den Job nimmt, was sie auch ursprünglich vorhatte. Am Ende hat sie aufgegeben – und ging.

*

Überhaupt, in diesem Job laufen einem die merkwürdigsten und windigsten Gestalten über den Weg. Frank B. war einer davon. Ein im Grunde genommen lieber Kerl mit einem Hang zu jungen Männern. Er war ungeheuer skrupellos im Beschaffen von Informationen. Paparazzi sind weitläufig ja eher aus dem Promi-Geschäft bekannt. Aber es gibt sie auch in unserem Bereich – in der Polizeiberichterstattung. Es sind Jäger der Katastrophen, wie Frank B., die sich meistens in der Nacht an die Fersen von Polizei und Feuerwehr heften.

Ich habe lange darüber nachgedacht, ob ich das Folgende jetzt niederschreibe. Denn die Wege, die Polizeireporter und Nacht-Paparazzi einschlagen, führen mitunter in eine rechtliche Grauzone. Es mag in der Regel nicht tief in den Straftatbereich hineingehen, aber an Respekt vor sonst allgemeingültigen Vorschriften und der Moral hapert es allemal. Es sind offene Geheimnisse, um die jeder Zeitungsmacher dieser Welt und jeder Polizist weiß. Die Vorgehensweisen werden im Großen und Ganzen toleriert.

Ja, es wird Polizeifunk abgehört. Warum? Weil die Polizei gern mal etwas verschweigt. Früher, noch vor fünf oder sechs Jahren, war das Abhören ganz unproblematisch. Es passierte aber meist nicht in den Redaktionen selbst. In nahezu jeder Großstadt gab und gibt es einen oder mehrere »Abhör-Profis«, die sich unternehmerisch auf diesen Bereich spezialisiert haben. Die Medien, fast ohne eine Ausnahme, bezahlen für die Informationen dieser Privatleute. Früher mehr, heute eher wenig. Die flächendeckende Umstellung von Feuerwehr und Polizei auf Digitalfunk macht es mittlerweile immer schwieriger, den Funkverkehr mitzuhören. Früher wurde man als Journalist mitunter ganz offiziell mit Feuerwehr- oder Polizei-Piepern ausgestattet. Heute erfolgt die Information über einen sogenannten Handy-Alarm oder über Twitter. Wenn es etwa einen Großeinsatz zu verkünden gibt, klingelt das Mobiltelefon von Journalisten mit entsprechendem Alarmruf-Abo. Ausgelöst wird der Alarm aber nur bei Nachrichten, bei denen die Polizei kein Interesse an einer Geheimhaltung hat – oder wenn die Justiz unsere Hilfe benötigt. Die Folge: Reporter, und damit auch die Leser, bekommen schlicht weniger mit als in Zeiten analoger Funktechnik. Dabei geht es nicht nur um Kleinkram: Wenn in Ihrem Kiez ein Mord begangen wird, erfahren Sie vielleicht nie davon. Nicht einmal, wenn Sie unbewusst Zeuge waren. Als Anwohner mag man sich dann regelrecht wünschen, dass Reporter den Polizeifunk mithören. Eine unsaubere, zwielichtige Methode ist es in meinen Augen trotzdem immer gewesen.

Die Polizei-Paparazzi, die noch selbst horchen, huschen des Nachts von einem Tatort oder Unglücksort zum nächsten. Sie machen Fotos und sammeln Infos, die sie am nächsten Morgen oder schon nachts per SMS den Medien anbieten. Nicht dem, der am meisten Geld bietet, sondern allen – nur die Masse rechnet sich heutzutage. Ausnahmen gibt es natürlich immer.

Es existieren sicherlich noch viele andere Wege und Quellen der Informationsbeschaffung. Ein Leser oder sonstiger Bürger, der sich in der Redaktion meldet, führt den Reporter meist jedoch nicht auf die richtige Fährte. Da wird, allemal im Polizeibereich, viel gesponnen und verdächtigt. Ein unzufriedener Beamter einer Sicherheitsbehörde mit Insiderkenntnissen kann dagegen Gold wert sein. Auch Todesanzeigen liefern oft den ersten Hinweis auf ein Verbrechen, das bisher öffentlich unbemerkt blieb. Oder auf das Verscheiden eines Menschen, der in der Öffentlichkeit stand und deshalb einen Bericht wert wäre. Früher wurde auch oft heimlich auf Beerdigungen von Opfern fotografiert. Wir selbst haben das vor einigen Jahren weitgehend abgeschafft. Entweder es passiert im Einverständnis mit der Familie – oder wenigstens verzichtet man darauf, die Gesichter der trauernden Angehörigen in der Zeitung abzudrucken.

*

Lou Grant und meine Jungmädchenträume – lange ist's her. Worauf blicke ich heute zurück? Auf einen tollen Job? Da gehen Vorstellung und Realität weit auseinander – auch bei mir. Denn wem gelingt schon die Enthüllung eines »Watergate« in seinem Leben? Vieles bleibt »Graubrot-Journalismus«.

Neulich stand eine noch ganz junge Kollegin vor mir, mit der ich mich gestritten hatte.

»Du bist ein abschreckendes Beispiel. So will ich nie werden«, sagte sie wütend und spielte dabei auf meinen Sarkasmus und die unverblümte Art, direkt meine Meinung zu sagen, an.

Eine Beleidigung? Sicher. Allerdings hatte sie auch recht. Ich bin das, was mit denen passiert, die ihre Arbeit leben und den Reporterjob lange zu sehr liebten. Man wird aufgefressen und fühlt sich oft ausgespuckt, auch wenn es niemand böse mit einem meint.

Anfang der Neunzigerjahre habe ich mich in der Aufmerksamkeit, die mir zuteil wurde, allzu gern gesonnt. Wie gesagt, ich ließ die Dinge immer mehr an mich heran. Immer wollte ich alles möglichst authentisch miterleben und niederschreiben. Wie in einem Spielfilm habe ich immer alles vor meinem inneren Auge lebendig werden lassen, um bessere Texte abzuliefern.

Die anfänglich damit einhergehenden noch kleinen emotionalen Tiefs habe ich mit bunten Berichten ausgeglichen. Und es klappte anfangs auch. Ein Tag mit dem SPD-Politiker Manfred Stolpe sticht dabei hervor – Pfannkuchen essen und Grappa trinken. Er zeigte mir sein Potsdam und unglaublich interessante Leute.

Mein persönliches Highlight war und ist mein Krisenreport aus Ägypten. Ich berichtete vor Ort über die Touristenflucht aus dem Urlaubsparadies Hurghada während der Revolte gegen Präsident Husni Mubarak 2011. Eine Gruppe deutscher Schönheitsköniginnen, die sich in Ägypten auf eine Misswahl vorbereitete, saß im Hotel fest. Einer meiner Artikel, die ich nach Berlin in die Redaktion durchgab, bekam dort die Überschrift: »Miss-Stimmung unter Palmen«.

Die Mädchen waren im Prinzip wunderbar. Aber natürlich überhaupt nicht auf so eine Krise in einem fremden Land vorbereitet. Sprich: Sie trauten sich zwischenzeitlich überhaupt nicht mehr aus ihrem Edelhotel heraus. Sie ahnten nicht, dass sie eigentlich in eine eher harmlose Touristenecke gereist waren. Es war ja nicht Kairo.

Während ich meinen Beitrag mit Fotos der adretten Beauty-Königinnen verfasste, machten sie Sport. Während ich mit den

Händlern und Einwohnern von Hurghada über die Krise ihres Landes, ihre Sorgen und wirtschaftlichen Existenzprobleme redete, waren sie bei der Nagelpflege. Aber am Abend, ja, da ergaben sich durchaus tiefgründige Gespräche, die ich von solchen auf den ersten Blick oberflächlichen Frauen nie erwartet hätte. Man lernt nie aus!

Als sie schließlich abreisen konnten, blieb ich noch einen Tag länger. Bis auch die Mitarbeiter des Edel-Clubs in die Heimat geschickt wurden. Ich gehörte zu den drei letzten Gästen der riesigen Anlage.

Meine letzten Stunden im Krisenland Ägypten verbrachte ich bei den einfachen Leuten in der Stadt. Ich lernte Ahmet kennen, der in Hurghada Souvenirs verkauft. In Wahrheit sei er aber, so versicherte er mir, Unterstützer und Kämpfer der »Deutsch-Ägyptischen Union«. Die gibt es übrigens tatsächlich. Von mir wollte er einen Kuss zum Abschied, den er nicht bekam. Gegenüber traf ich auf Hussein. Ich muss sagen, dass ich völlig ungeschickt in sein Café taperte – ohne zu ahnen, dass es nur Männern vorbehalten war. Er nahm es amüsiert auf. Im Gegensatz zu seinen Gästen, die unvermittelt vor mir als Frau die Flucht ergriffen. Das sind Erfahrungen, die so ganz anders waren als meine Polizeireporter-Arbeit. Erlebnisse, die ich nie missen möchte. Und schließlich will ja jeder Reporter zumindest einmal im Leben in einem echten Krieg gewesen sein …

Ich versuche jedenfalls, immer mal wieder in den Zuständigkeitsbereichen anderer Kollegen »zu wildern« – und so neben all dem Leid, auch einmal ein leichtes, buntes Thema abzugreifen. Vielleicht eine Buch- oder Filmkritik, oder eine Geschäftseröffnung. Gerne schreibe ich zudem all die kleinen, im Blatt verstreuten Meldungen. Das ist eigentlich eher eine gute Übung für Volontäre, die kurze, prägnante Formulierungen lernen sollen. Ich kämpfe mit Kleinigkeiten und mit Alltäglichkeit gegen den täglichen Horror der Polizeiberichte. Das klappt nur bedingt.

34
Noch ein Trauma

Kurz vor der Jahrtausendwende ging meine erste Ehe im Chaos aus Streit und Alkohol den Bach runter – nach zehn Jahren. Während ich blutigen Geschichten hinterherjagte, übernahm mein damaliger Mann spätestens ab dem Nachmittag den Einkauf, das Putzen und die Betreuung unseres Kindes. Mittlerweile arbeitete er nicht mehr beim *Berliner Kurier*, sondern als freischaffender Fotograf. Da sah die Auftragslage nicht so rosig aus.

In dieser Zeit hielten die vielen toten Kinder Einzug in meinem Kopf. Erst ganz subtil, wie ein kleiner Albtraum, später immer drängender. Mein einziges Thema für mich war der Job. Weder die Einschulung meines Kindes noch meine ganz persönliche Misere konnte mich von der Arbeit ablenken. Ich genoss nur noch die Treffen mit Kollegen, Polizisten und Feuerwehrleuten. Das Interesse, das mir teilweise entgegengebracht wurde, streichelte auch da noch mein Ego.

Selbst als ein Kollege mich auf einem Festabend mit hochrangigen Gewerkschaftern der Polizei bösartig und mit Kalkül bloßstellte (»Dein Ex war mit mir im Westberliner Puff. Hast du das gewusst?«), wahrte ich die Fassade. Für meinen Sohn, für mich und unser weiteres Leben.

*

Der Unfalltod meiner Mutter, ich hatte ihn schon erwähnt, änderte im Herbst 2003 schließlich alles. Sie wollte uns eigentlich in Berlin besuchen, in wenigen Wochen wäre sie endlich mal wieder da gewesen. Das erste Mal seit 1994. Nicht mangels Zuneigung. Sie war immer reisefaul. Also bin ich in der Regel zu ihr gekommen.

Ein Kurzurlaub auf einem Club-Schiff im Mittelmeer, danach sollte es so weit sein. Wenige Tage davor erreichte mich der Anruf meiner Tante in der Redaktion. Allen Ernstes, sie erzählte mir vom Tod meiner Mutter, als wenn sie den neusten Klatsch kundtun würde. »Du, ich muss dir was Schlimmes sagen, Mutti ist tot! Die ist überfahren worden.«

In diesen Sekunden kam mir tatsächlich in den Sinn, wie teuer die Absage unserer Schiffsreise sein würde. Ich war mir selbst vollkommen fremd. Ich schlug stumm vor Entsetzen über die Todesnachricht meinen Kopf auf den Schreibtisch. Immer wieder. Dann schrie ich. Kollegen kamen in mein Büro und gingen wieder. Sie waren aufgeregt. Wann ich mich wieder im Griff hatte, was ich dann sagte, weiß ich nicht. Irgendwann ging ich ganz ruhig einen Stock tiefer zum Büro meines damaligen Freundes. Er telefonierte und sah hoch.

»Meine Mutter ist tot.«

Er verstand das nicht, ich drang nicht zu ihm vor. »Jetzt nicht. Ich habe ein wichtiges Gespräch«, sagte er.

Ich ging. Er hat sich später deshalb die größten Vorwürfe gemacht.

Als ich zurück in meinem Büro war, tröstete mich mein Chefredakteur, danach kam unsere Personalchefin. Die beiden haben mich sofort von der Arbeit freigestellt. Ich könne mir so viel Zeit nehmen, wie ich brauche. Das sind übrigens auch Gründe, weshalb ich seit diesen vielen Jahren beim *Berliner Kurier* arbeite. Wir sind einander zugetan.

Meinem Sohn den Tod der Oma beizubringen fiel mir schwer. Aber Kinder gehen mit schlimmen Nachrichten oft besser um als die Erwachsenen. Am nächsten Morgen sind wir sofort ins Ruhrgebiet gefahren.

Einer der furchtbarsten Momente meines Lebens war der Gang zur Polizei. Ich musste zuerst zur Wache in der Hattinger Straße im Ortsteil Linden. Die Papiere und Haustürschlüssel meiner Mutter lagen dort. Ich ging alleine in das Dienstgebäude, eine kurze Treppe hoch, durch eine Tür und nannte am Tresen meinen Namen. Die beiden diensthabenden Beamten sahen mich betroffen an. Einer zog sich Plastikhandschuhe an, um mir aus einer Klarsichttüte die Börse meiner Mutter zu geben. Eine abgenutzte Kellnertasche, die sie schon seit meiner Kindheit hatte. Erst dachte ich, sie wäre einfach nur ganz nass. Doch es war das Blut meiner Mutter, das jetzt an meinen Fingern klebte. In der Klarsichthülle hatte es nach dem Unfall nicht richtig trocknen können.

Ich bat die Polizisten, meine Mutter sehen zu dürfen. Das war jedoch nicht machbar an einem Wochenende in einer etwas provinziellen Ruhrgebietsstadt. Stattdessen brachten sie mir den ebenso blutigen und verbeulten Rollator, damit ich ihn entsorgen würde.

Bestatter, Sparkasse und Wohnungsauflösung. Eine Woche funktionierte ich wie ein Roboter. Ich tat, was getan werden musste. Als dann die Entrümpler kamen, ließ ich sie fast den gesamten Hausrat meiner Mutter wegtragen. Bis auf ein paar Ordner mit Unterlagen. Das alles geschah unter den Argusaugen der Vermieter meiner Mutter, die mir noch für zwei Monate die Miete abknöpften, obwohl sie allen Ernstes schon eine Nachmieterin für die Wohnung gefunden hatten.

Ich habe meine Mutter mit nach Berlin genommen. Natürlich nicht in meinem Auto, ich beauftragte einen Bestatter mit der Überführung ihres Leichnams. Sie liegt auf einem kleinen katholischen Friedhof im Stadtteil Weißensee.

Einige Monate später, als ich die Anklageschrift gegen den Unfallfahrer (ein älterer Pferdetrainer) erhielt, erfuhr ich, dass er ein vorbestrafter notorischer Kinderschänder war. Einer, der seine triebhemmenden Medikamente einfach nicht nahm. Auch aktuell wurde gegen ihn ermittelt. Als er meine Mutter überfuhr, war er auf dem Weg zur Pferdekoppel und zu den kleinen Mädchen dort.

Und ich Dummkopf hatte ihn noch nach dem Unfall angerufen. Weil ich nicht egoistisch und nachtragend bin, dachte ich mir, dass es dem Unfallfahrer vielleicht helfen würde, wenn ich mit ihm spreche.

Ich folge leider immer spontanen Eingebungen und sagte ihm, dass ich ihm nichts vorwerfe und ihm Kraft wünsche. Er weinte. Ich versuchte, ihn zu trösten. Ein Unfall kann schließlich immer geschehen.

Was tut man dann in dem furchtbaren Moment, wenn man die hässliche Wahrheit erfährt? Ich hatte so einen unglaublichen Hass in mir. Den Kerl hätte ich am liebsten auch überfahren. Erst wollte ich sogar zum Prozess gegen ihn gehen. Dazu habe ich mir alle Ermittlungsakten über meinen Berliner Anwalt schicken lassen. Dieser und auch alle meine Freunde rieten mir ab. Auch davon, einen Blick in die Unterlagen zu werfen. Darin waren die Fotos meiner toten Mutter. Ich sollte sie mir auf keinen Fall ansehen.

Aber eines habe ich doch getan. Ich habe allen Menschen, die mich und meine Mutter in der Bochumer Nachbarschaft kannten, genauestens erzählt, was für ein Schwein dieser Totraser ist. Ich hoffe, dass er sich niemals mehr in seinem Ortsteil auf die Straße wagen kann.

Leichter gemacht hat es die Zukunft für mich nicht. Die Erfahrung des Schmerzes über den Verlust eines geliebten Menschen bleibt. Keine Zeit der Welt heilt die Wunden.

Die Wochen um den Todestag meiner Mutter waren viele Jahre lang für mich die schwersten. Der goldene Herbst, den ich eigentlich immer geliebt hatte, war nicht mehr golden. Das ist er erst wieder seit dem Jahr 2007. Da habe ich meinen heutigen Ehemann Mike kennen- und lieben gelernt. Wo? Natürlich in der Redaktion. Er kam 2004 zum *Berliner Kurier* und blieb wie ich dort kleben. Im Frühjahr 2007 haben wir uns ein Büro geteilt, direkt zusammengearbeitet und viele Gemeinsamkeiten entdeckt. Das Verblüffendste dabei: Wir haben kurze Zeit nacheinander sogar in derselben Wohnung gewohnt. Ich lebte von 1998 bis 2000 dort, er von 2004 bis 2006. Bei Hunderttausenden Wohnungen in der Stadt ist so etwas mehr als unwahrscheinlich.

*

Trotzdem bin ich bis heute noch nicht ganz rausgekrochen aus dem Loch. Pillen gegen die Traurigkeit, Psychotherapeuten, Psychiater. Manches Mal sind die Panikattacken so schlimm, dass ich kaum arbeiten kann. Ich bekomme immer öfter Angst vor Menschen. Einstweilen bleibe ich bei den Pillen und mache noch so weiter. Für einen Jobverlust bin ich dann doch einfach noch zu jung. Anders als in den Neunzigerjahren, als ich meine Chance bekam, können sich Journalisten die Arbeitsstellen nicht mehr munter aussuchen. Fast alle Kollegen sind heilfroh, überhaupt etwas Festes zu haben. Auch und gerade viele jüngere Kollegen würden alles tun und jeden Mist zusammenschreiben, um ihr Gehalt nicht zu verlieren. Ständige Jobwechsel und große, schnelle Karrieren beobachtet man kaum noch.

Es hört sich eigenartig, vielleicht schizophren an. Aber ich habe immer versucht, mich als einen Teil der Tragödien zu sehen, über die ich schreibe. Ich sog Trauer, Wut und Hilflosigkeit auf. Ich wollte mitleiden. Trotzdem oder vielleicht gerade deshalb habe ich in den Wunden der Menschen gestochert, ihre Verletzlichkeit im Moment eines Schicksalsschlags ausgeschlachtet. Ich will nichts beschönigen. Ich tat das anfangs, um Schreiben zu meinem Beruf machen zu können. Und um den Lesern die gesamte Grausamkeit eines Verbrechens druckfrisch an den Frühstückstisch zu bringen. Aber mit den Jahren änderte sich das. Sogar gewaltig. Und dennoch: Die Menschen müssen es erfahren, es darf nicht nur Berichterstattung geben, die dem Bildungsbürger gefällt. Aber es gibt Grenzen.

Mein Wunsch ist es, dem Job mit diesem Buch seinen Glanz zu nehmen. Denn wenn die Fassade erst einmal abgeblättert ist, bleibt für uns Reporter wirklich nichts anderes als ein hartes Brot für die Psyche.

Mich interessiert aber noch etwas anderes: Aus Erfahrung in meinem Beruf und insbesondere mit meinem Internet-Blog »Thriller, Tod & Teufel« weiß ich, dass Kinderschänder und Kinderporno-Konsumenten jedweder Art gerne Texte über geschändete Kinder lesen. Als Blogbetreiberin kann ich sehen, mit welchen teils völlig kranken Google-Stichworten die Nutzer auf meine Seite gelangen (»Suche Fotos von Frauen, die wo Sex mit echten Tieren haben«). Vielleicht lesen Perverse, Kinderschänder und sonstige Gestalten deshalb auch dieses Buch. Meine Botschaft an sie ist klar: Wenn ihr Täter seid, stellt euch der Polizei. Wenn ihr euch selbst als potenzielle Täter empfindet, sucht euch Hilfe. Jetzt! Bei mir gibt es für tatsächliche Sexualstraftäter kein Verständnis. Ihr seid Verbrecher!

Ihr seid nicht alle gleich, sondern unterteilt euch in verschiedene Kinderschänder-Typen: Das fängt bei Männern an, die Kindern Pornos zeigen. Und es endet bei Vergewaltigern. Jüngere Täter sind oft »nur« betrunken. Ältere sehnen sich häufig nach einer jungen Frau, bekommen aber keine mehr ab. Manche zwingen dann Kinder. Der dritte Typ ist sexuell gestört: Er begehrt Kinder so, wie andere Männer Frauen sexuell attraktiv finden.

Die meisten von euch hatten eine schwer gestörte Sexualentwicklung. Ihr seid unfähig, sexuelle Gefühle für gleichaltrige Frauen zu empfinden. Euer Begehren richtet sich auf Mädchen in einer bestimmten Altersgruppe. Aber ihr seid nicht blöd. Ihr plant eure Taten meist lange. Später sagt ihr dann, dass ihr euch nicht mehr hättet beherrschen können. Aber das ist nur eine alte Ausrede. In Wahrheit spioniert ihr ausgiebig auf Schulhöfen und Spielplätzen herum. Dann schlagt ihr zu. Ihr Sexualstraftäter seid immer raffinierte Täuscher.

Nachwort

Über 200 Seiten liegen hinter mir. Mehr als mein halbes Arbeitsleben. Habe ich mir meine Seele von all dem Leid freigeschrieben? Auf jeden Fall hatte ich das vor, als ich vor gut einem Jahr mit dem Aufschreiben begann. Es hat nicht funktioniert. Es sollte zuerst auch gar kein Buch entstehen, ich wollte eine Art Tagebuch führen, wie ich es als junges Mädchen getan hatte – um zu vergessen. Aber die Wirkung war eine völlig andere. Denn vieles, was ich längst erfolgreich verdrängt hatte, kam wieder hoch. Ich musste es mir ins Gedächtnis zurückrufen, um die Ereignisse genau und auch in ihrer seelischen Tragweite darstellen zu können.

Die Kinder werden bleiben.

Der Anfang fiel mir am schwersten. Zwei Wochen lang habe ich mich im Februar 2013 weit vor dem Morgengrauen an unseren Küchentisch gesetzt. Ich schrieb drauflos. Es war für mich eine äußerst schmerzhafte Erfahrung, die mich an meine Grenzen geführt hat – und beinahe darüber hinaus.

Ich wollte irgendwann nicht mehr denken müssen. Aber einen Reset-Knopf fürs Hirn gibt es leider nicht. Also schluckte ich einfach jeden Tag eine Pille mehr – eine total bescheuerte Entscheidung. Ich bin ausgerastet, mitten in der Redaktion. Den Grund dafür weiß ich überhaupt nicht mehr. Es ging wohl um freie Tage, die ich nehmen wollte und nicht nehmen durfte. Für einen Moment verlor ich die Gewalt über mich. Ich zerschmetterte eine volle Tasse Kaffee vor den Füßen meines Lokalchefs. Ich warf ihm eine Beleidigung nach der anderen an den Kopf und brüllte: »Mach das Fenster auf! Ich springe! Ich will nicht mehr, ich ertrag euch nicht.«

Es war ein Glück, dass Mike, mein jetziger Ehemann, nicht weit entfernt von mir stand. Er hielt mich fest und brachte mich nach Hause. In dieser Nacht stand ich einige Stunden lang an der Schwelle zum Freitod. Aus Verzweiflung und aus Angst, dass sich in Zukunft öfter die Kontrolle über mich verlieren könnte. Oder schlimmer noch: Ich hielt es für möglich, dass ich eines Tages einen anderen Menschen verletzen würde. Das ist zum Glück aber nie geschehen.

Doch all das, meine Vergangenheit, mein Job und die Auseinandersetzung damit, um dieses Buch zu schreiben, hatte etwas Gutes. Ich habe gelernt, klar zu sagen, was ich machen kann und will. Und auch entschieden Nein zu sagen, wenn die Ereignisse mich zu sehr belasten würden. Da reicht es oftmals schon, wenn meine Kollegen recherchieren und ich anschließend aus ihren Informationen den Text schreibe. Ich habe zwei wunderbare Kollegen, Philippe und Alexander, die mir das Arbeiten schon so manches Mal leichter gemacht haben.

Zum Abschluss meines Buches hatte ich mir noch vorgenommen, meine aufbewahrten Kalender durchzublättern. Es gibt für jedes Jahr ein fettes Notizbuch mit Eintragungen für jeden Tag. Das sind zusammen über 5.000 Seiten. Bei nicht einmal 1.000 habe ich aufgehört. Das hat mich einfach nur frustriert. Es ist ja auch so absurd: Meine Kalendertage paaren mein berufliches Grauen mit meinem normalen Familienleben.

An einem herrlichen Sommertag habe ich wie selbstverständlich notiert:
- Mord in Frankfurt (Oder) – 35 Zeilen;
- Baby totgeschüttelt – 50 Zeilen;
- Tödlicher Unfall – Foto, 15 Zeilen;
- Block für Max, Ketchup, Wein, Brot;
- Termin für Kosmetik ausmachen.

In eigener Sache

Da es sich um tatsächliche Geschehnisse handelt, sind die Namen der Personen in diesem Buch zum Teil geändert. Mit Ausnahme von Tätern und Opfern, deren Taten und Schicksale in die Zeit- und Kriminalgeschichte eingingen. Ihre Namen sind auch im Internet in unzähligen Quellen zu finden.

Unverändert blieben viele Namen im Zusammenhang mit nicht aufgeklärten Mordfällen. Das und auch die teilweise Veröffentlichung von Fotos geschieht nicht aus nachträglicher Sensationshascherei. Die Bilder der Kinder sind ausschließlich in den Internetportalen der Polizei öffentlich zugänglich. Die Kriminalfälle sind noch nicht abgeschlossen, die Öffentlichkeitsfahndung der Polizei läuft weiter.

Es nützt weder den Opfern noch den Angehörigen, aus gut gemeinten Pietätsgründen die Tatsachen zu verfremden. Entschuldigen möchte ich mich trotzdem für jeden Schmerz, der trotz meines Bemühens um Vorsicht entstehen könnte.

Aber gerade hier möchte ich den Menschen, über die ich schreibe, ein Gesicht geben. Ich möchte die Leser sensibilisieren und dazu beitragen, den einen oder anderen Zeugen doch noch aufzurütteln und zu bewegen, sich bei der Polizei zu melden. Einige der verschleppten Kinder in diesem Buch bleiben verschwunden, von ihnen fehlt teils seit Jahren jede Spur. Aber auch nach ihnen wird weiterhin gesucht, vielfach mit öffentlich zugänglichen Polizeifotos. Ich würde mir von Herzen wünschen, dass ihre Schicksale geklärt werden. Am schönsten wäre natürlich, wenn sie gefunden würden – oder sich befreien könnten. So wie es einst dem Entführungsopfer Natascha Kampusch gelang.

Zeugenhinweise können bei jeder Polizeidienststelle und bei den zuständigen Landeskriminalämtern in Berlin und Brandenburg gemeldet werden.

Danksagung

Sorry, Mike, aber an erster Stelle muss hier einfach mein Sohn stehen. Max, einfach klasse, dass du so ein wundervoller und verantwortungsbewusster junger Mann geworden bist. Dass du meist Verständnis für meine Arbeit und die unmöglichen Arbeitszeiten hattest. Und Entschuldigung für ausgefallene Ausflüge, vergessene Einkäufe und Versprechen, die ich manches Mal nicht halten konnte. Ich habe mich aber bemüht.

So, jetzt du, Mike, du bist die Liebe meines Lebens. Danke, dass es dich gibt. Danke für deine Geduld und dein Verständnis, mit dem du meinem Wahnsinn entgegentrittst. Für alle Umarmungen und getrocknete Tränen. Für ertragene Wutausbrüche – na ja, so viele waren es auch wieder nicht. Natürlich auch für alle von dir beseitigten Rechtschreibfehler in meinem Buch. Und für deine großartigen Anregungen. Ohne dich hätte ich mich nie getraut, das aufzuschreiben.

Auch euch, Michaela und Klaus Gröner von der Literaturagentur erzähl:perspektive in München, möchte ich von Herzen danken. Wenn ihr mich bzw. mein Internet-Blog »Thriller, Tod & Teufel« nicht entdeckt hättet, wäre dieses Buch nie veröffentlicht worden. Aber ihr habt daran geglaubt.

Gleiches gilt für meinen Verleger Oliver Schwarzkopf und meine Lektorin Maren Konrad vom Schwarzkopf & Schwarzkopf Verlag in Berlin. Es ist ein Vergnügen, mit euch zu arbeiten. Auch wenn ihr mich an meine Grenzen gebracht habt. Ich habe mich sehr verstanden und gut bei euch aufgehoben gefühlt.

Natürlich möchte ich ebenso meinem langjährigen Chefredakteur beim *Berliner Kurier*, Hans-Peter Buschheuer, danken. Er ist mir ein wunderbarer Chef und gab mir das Okay für mein Buch. In unserer Branche ist das nicht unbedingt selbstverständlich. Mit seinem Verständnis von Journalismus hat er in seiner Amtszeit auch dafür gesorgt, dem Boulevard ein menschlicheres Gesicht zu geben. Mit Kritik an unserem Geschäft habe ich in diesem Buch ja wahrlich nicht gegeizt.

Nicht zuletzt noch Dank an meine Kollegen. Trotz allem macht es Spaß, beim *Berliner Kurier* zu arbeiten – und daran seid ihr nicht unschuldig.

Besonders hervorheben möchte ich unseren Fotoredakteur Andreas »Master« Klug, der mir bei den Fotos für dieses Buch sehr geholfen und mich unterstützt hat.

Claudia Keikus-Wilms, 1962 in Bochum geboren, arbeitete zunächst im Steuerbereich und als Pressesprecherin bei einem Konzertveranstalter. Nach der Wende wechselte sie zu Zeitungen in Dresden und Chemnitz und schließlich als Polizeireporterin zum *Berliner Kurier*, für den sie auch den Blog *Thriller, Tod & Teufel* betreibt.

© Stefanie Brandenburg

Claudia Keikus-Wilms
VERSCHLEPPT, MISSBRAUCHT, GETÖTET
Eine Polizeireporterin berichtet

ISBN 978-3-86265-387-4
© Schwarzkopf & Schwarzkopf Verlag GmbH, Berlin 2014

Alle Rechte vorbehalten. Dieses Werk ist urheberrechtlich geschützt. Jede Verwendung, die über den Rahmen des Zitatrechtes bei korrekter und vollständiger Quellenangabe hinausgeht, ist honorarpflichtig und bedarf der schriftlichen Genehmigung des Verlages. Coverfoto: © LukaTDB/iStock/thinkstock.de | Fotos Bildteil: S. I oben, S. II, III: © privat; S. I unten: © Polizei; S. IV–VIII: © Andreas Klug

KATALOG
Wir senden Ihnen gern kostenlos unseren Katalog.
Schwarzkopf & Schwarzkopf Verlag GmbH
Kastanienallee 32, 10435 Berlin
Telefon: 030 – 44 33 63 00
Fax: 030 – 44 33 63 044

INTERNET | E-MAIL
www.schwarzkopf-schwarzkopf.de
info@schwarzkopf-schwarzkopf.de